Rudolf Steiner

Andacht und Achtsamkeit

Rudolf Steiner

Andacht und Achtsamkeit

STUFEN DES WAHRNEHMENS

Herausgegeben, ausgewählt und kommentiert
von Andreas Neider

RUDOLF STEINER VERLAG

1. Auflage 2014

Buchgestaltung: Bader. Kommunikation, Arlesheim
unter Verwendung einer Skizze von Rudolf Steiner
Satz: Bader. Kommunikation, Arlesheim
Druck: Druckhaus Nomos, Sinzheim
Printed in Germany
ISBN 978-3-7274-5288-8

INHALT

EINFÜHRUNG

DIE VIER SPRÜCHE DER SÄULENWEISHEIT

J

Im reinen Gedanken findest du
Das Selbst, das sich halten kann.

Wandelst zum Bilde du den Gedanken
Erlebst du die schaffende Weisheit.

B

Verdichtest du das Gefühl zum Licht
Offenbarst du die formende Kraft.

Verdinglichst du den Willen zum Wesen
So schaffest du im Weltensein.

Im Sinne der hier zitierten «Vier Sprüche der Säulenweisheit» beruht der anthroposophische Schulungs- und Meditationsweg auf zwei Säulen, die den beiden nach der Legende im Paradies beheimateten Bäumen, dem Baum der Erkenntnis (J oder Jakim) und dem Baum des Lebens (B oder Boas), entsprechen. Aufgrund der heutigen zivilisatorischen Herausforderungen erscheint es dringend geboten, sich neben dem Baum der Erkenntnis verstärkt dem Baum des Lebens zuzuwenden. Dazu sollen die in diesem Buch zusammengefassten Übungen, Meditationen und weiterführenden Angaben Rudolf Steiners verhelfen.

Viele, auch bereits mit der Anthroposophie vertraute Leser, werden von den hier versammelten Wahrnehmungsübungen und Meditationen vielleicht wenig Gebrauch gemacht und sich vor allem auf jene Übungen gestützt haben, die sich direkt auf eine Verwandlung des Denkens richten. So lebt es jedenfalls in der anthroposophischen Tradition seit den Zeiten Rudolf Steiners, und er selbst hebt in zahlreichen Vorträgen und Schriften diesen vom reinen Denken ausgehenden Weg immer wieder hervor.

Schaut man aber in seinem Grundlagenwerk *Wie erlangt man Erkenntnisse der höheren Welten?* genauer nach, ergibt sich ein etwas anderes Bild. Bereits im einleitenden Kapitel wird von einem Grund*gefühl* der Hingabe beziehungsweise der Devotion gesprochen. Das gewöhnliche, vor allem das kritisierende Denken muss demgegenüber zunächst vielmehr zurückgehalten werden. Nicht ein denkendes, sondern ein wahrnehmendes Verhältnis zur Welt steht deshalb in den folgenden Kapiteln und in den Anweisungen zur Meditation im Vordergrund.

Mit der vorliegenden Textauswahl soll dieser Aspekt zusammen mit weiteren Darstellungen Rudolf Steiners hervorgehoben und zu Bewusstsein gebracht werden. Nicht dass damit den Darstellungen des Schulungsweges, die vom reinen Denken ausgehen, etwas Widersprüchliches entgegengehalten werden soll. Im Gegenteil: Es soll darauf aufmerksam gemacht werden, dass ein *ausschließlich* vom Denken ausgehender Weg nicht zum Ziel führen kann, sondern durch den Wahrnehmungs-, Gefühls- und Willensaspekt des Schulungsweges ergänzt werden muss. In den in *Wie erlangt man Erkenntnisse der höheren Welten?* angegebenen Übungen der «Vorbereitung» und «Erleuchtung» kommt die angesprochene Wahrnehmungs- und Gefühlskomponente besonders deutlich zum Ausdruck.

In anderen Meditationsschulen, besonders der östlichen Prägung, erwähnt seien hier stellvertretend der buddhistische Mönch vietnamesischer Abstammung Thich Nhat Hanh und der amerikanische Meditationslehrer Jon Kabat-Zinn, wird der Wahrnehmungsaspekt heute meist mit dem Wort «Achtsamkeit» bezeichnet. Rudolf Steiner wählte dafür die Worte «Aufmerksamkeit» und «Hingabe», zusammenfassend aber auch den Ausdruck «reine Wahrnehmung». Ihm stand dabei vor allem der naturwissenschaftlich tätige Goethe vor Augen. Insofern begründet Steiner mit den in *Wie erlangt man Erkenntnisse der höheren Welten?* gegebenen Meditationsübungen einen an die westlich-rosenkreuzerische Tradition anknüpfenden Weg der Achtsamkeit, der sich aber in der liebevollen Hingabe an das durch die Wahrnehmung Gegebene mit dem östlichen Weg berührt. Daher wurde für den Titel dieser Textauswahl das Wort «Achtsamkeit», das heute meist im Sinne der östlichen Tradition gebraucht wird, verwendet, um deutlich zu machen, dass auch der westlich-rosenkreuzerische Weg diesen Aspekt der Schulung beinhaltet.

Rudolf Steiner entwickelt in den in diesem Buch zusammengefassten meditativen Übungen, die an die Wahrnehmungstätigkeit des menschlichen Sinnesorganismus, besonders des Sehens und des Hörens, anschließen und die den Sinnesprozess als einen höheren Atmungsprozess zum Erleben bringen wollen, den anthroposophischen Schulungsweg als eine Wegzehrung, ja als eine Gegenkraft gegen die zunehmende Intellektualisierung des Menschen. Heute, im 21. Jahrhundert, mehr als 100 Jahre nach Begründung dieses Meditations- und Erkenntnisweges, zeigt sich seine Aktualität erst in ihrer vollen Tragweite.

Unsere Gegenwart ist durch eine Überbewertung von Intelligenzkräften und durch eine Unterbewertung von Wahrnehmungs- und Gefühlskräften gekennzeichnet. Die allgegenwärtige künstliche Intelligenz der Computer, Mobiltelefone und des Internets hat zu einer weltweiten Verbreitung einer bestimmten Lebensform und Einstellung geführt, die auf der Schnelligkeit unseres Nervensystems beruht, das in den digitalen Medien sein künstliches Abbild gefunden hat. Im Gegenzug findet ein Verschwinden des sinnlich-haptisch Fühlbaren zugunsten des Virtuellen, nicht mehr real sinnlich Wahrnehmbaren statt. Je mehr diese Technologien sich selbst in den ärmsten Gegenden unserer Erde verbreiten, desto mehr besteht heute die Gefahr einer Zurückdrängung alles dessen, was mit der sinnlichen Wahrnehmung und der an diese anschließenden Gedanken- und Gefühlswelt zu tun hat.

Die heute der Anthroposophie begegnende junge Generation wird sich aufgrund der Einseitigkeit der mit dem digitalen Zeitalter verbundenen Zivilisationsbedingungen gerade von diesem Aspekt des anthroposophischen Schulungsweges stärker angezogen fühlen, weil er ihrer häufig ausgeprägteren Art, empathisch mit der Welt umzugehen, auf kongruente Weise entspricht. Damit wird jenen Aussagen Rudolf Steiners entsprochen, die zu Beginn des 20. Jahrhunderts auf neue, der ätherischen Welt sich öffnende Wahrnehmungsfähigkeiten hingewiesen haben, deren Entwicklung jedoch durch die Geschichte des 20. Jahrhunderts in massiver Weise unterdrückt worden ist. Mit Beginn des 21. Jahrhunderts werden aber besonders in der jüngeren Generation solche neuen Wahrnehmungsfähigkeiten deutlicher bemerkbar.

Man könnte daher die hier beschriebenen Übungen auch als Übungen der Empathiefähigkeit bezeichnen, denn sie wollen das Verhältnis, das der Mensch durch seinen Sinnesorganismus zur ihn umgebenden Welt einnimmt, bewusst machen und intensivieren.

Genauer betrachtet handelt es sich dabei aber nicht um das direkte Sinneserleben während des Wahrnehmungsvorganges selber, sondern um ein Vertiefen dessen, was sich seelisch im Anschluss an das Sinneserlebnis, etwa einer bestimmten Pflanze oder eines bestimmten Tones in der Natur, als Erlebnis einstellt. Rudolf Steiner gibt hierzu als Vorbild das von Goethe sogenannte «sinnlich-sittliche» Erleben der Farben an und weist dabei auf die von Goethe bereits beschriebenen *Nachbilder* sinnlicher Erlebnisse hin. Im Ganzen handelt es sich also bei den meisten der hier beschriebenen Übungen um eine Vertiefung der Nachbilder sinnlicher Eindrücke im Sinne eines moralischen Empfindens gegenüber den Sinneseindrücken.

Neben dem grundlegenden Schulungsbuch *Wie erlangt man Erkenntnisse der höheren Welten?* ist Rudolf Steiner in zwei umfangreichen Vortragszyklen auf die übersinnliche Wahrnehmung der Natur besonders intensiv eingegangen: in *Die geistigen Wesenheiten in den Himmelskörpern und Naturreichen*, gehalten 1912 in Helsingfors (GA 136), und in *Der Mensch als Zusammenklang des schaffenden, bildenden und gestaltenden Weltenwortes*, gehalten 1923 in Dornach (GA 230). Es lohnt sich, diese beiden Zyklen in ihrem Kontext als Ganze zu studieren.

Inzwischen hat sich durch die Bemühungen einiger Autoren eine beachtliche Fülle anthroposophischer Literatur zum Bereich des übersinnlichen Wahrnehmens der Natur ausgebildet, der heute als «Bildekräfteforschung» bezeichnet wird. Dazu zählen Autoren wie Dorian Schmidt, Markus Buchmann, Jürgen Strube, Dirk Kruse, Thomas Meyer und Karsten Massei, auf deren zahlreiche Veröffentlichungen hier ausdrücklich verwiesen sei. Die vorliegende Textauswahl aus Werken Rudolf Steiners versteht sich ausdrücklich als Ergänzung zu den Forschungsarbeiten und Anregungen der genannten Autoren.

Dass mit dem hier beschriebenen Übungsweg aber auch alles künstlerische Erleben angeregt und belebt werden kann, ja dass alles künstlerische Tun mit den Übungen aufs Engste verbunden ist, erwähnt Rudolf Steiner in einer kleinen Anmerkung ganz am Anfang der «Vorbereitung» in *Wie erlangt man Erkenntnisse der höheren Welten?* Die Art dieser Übungen kann mithin für alle künstlerisch Tätigen von großem Interesse sein, weil sie das Sinneserleben, wie es dem künstlerischen Schaffen zugrunde liegt, vertieft und erweitert.

Dem Gedankenleben gegenüber wird bei diesen Übungen eine Disziplinierung erwartet, die den Realitätsgehalt und die unsichtbare Wirkung von Gedanken ernst nimmt. Weniger auf eine Verstärkung als auf eine Reinigung und Ordnung des Gedankenlebens kommt es Rudolf Steiner hier an. Dass wir es bei unseren Gedanken mit realen Kräften zu tun haben, die ebenso wirksam sind wie in der physischen Welt ein Gewehrschuss, wer hätte diese Tatsache nicht schon oft zur Kenntnis genommen? Wie oft aber hat man sich danach wirklich gerichtet? Der moralischen Komponente, die besonders in den als Läuterung des Gedanken- und Gefühlslebens bezeichneten Übungen zum Ausdruck gebracht wird (Kapitel VIII), kommt deshalb auch in dieser Auswahl eine nicht unerhebliche Bedeutung zu.

Die Textsammlung geht von einer kürzeren Vortragsstelle aus, in der die Qualität der Andacht grundlegend beschrieben wird. Dann folgen die in *Wie erlangt man Erkenntnisse der höheren Welten?* in den Jahren 1904 bis 1905 gegebenen Übungen der «Vorbereitung» (Kapitel I). Ergänzt wird dieser grundlegende Text durch eine Darstellung des grundlegenden Unterschiedes des alten Yogaweges und des anthroposophischen Weges. Ersterer war auf eine Intensivierung des Atems in Verbindung mit dem Denken gerichtet, während letzterer den Wahrnehmungs- und Denkprozess wieder vom Atem ablöst. Dem folgen drei Wahrnehmungsübungen, die

Rudolf Steiner seinen Zuhörern in dem oben erwähnten Zyklus in Helsingfors gegeben hatte.

Die Auswahl wendet sich dann dem zentralen Motiv, dem «Lichtseelenprozess» (Kapitel II), zu. Dabei geht Rudolf Steiner von einer Weiterentwicklung des altindischen Yogaweges aus, der das Verhältnis des Menschen zur Welt dadurch vertiefen konnte, dass er den physischen Atem durch Yogaübungen regulierte. Die Ich-Entwicklung des Menschen brachte es jedoch mit sich, dass sich das zuvor über die Atmung regulierte Verhältnis des Menschen zur Umgebung mehr in sein Sinnesbewusstsein verlagerte.

Deshalb geht es heute nicht mehr darum, den physischen Atemprozess zu verstärken und zu durchdringen, sondern den mehr seelisch-geistigen Atmungsvorgang, der sich zwischen der Sinneswahrnehmung und dem verstehenden Denken abspielt. Daher spricht Steiner auch von einem *neuen* Yogaweg, der sich nun auf die in unserem Bewusstsein ablaufenden Vorgänge bezieht.

Dieser neue Yogaweg besteht in einem geistig-seelischen Atmen, das sich zunächst auf seinen Gegenstand in voller *Aufmerksamkeit konzentriert* und diesen genau erfasst und beobachtet (Einatmen), bevor man sich dann ganz an den durch die verstärkte Aufmerksamkeit erworbenen Eindruck *hingibt* und diesen *meditiert* (Ausatmen). Beim ersten Schritt, dem genauen Wahrnehmen, wird das Denken zurückgenommen und verharrt im Registrieren des Beobachteten. Beim zweiten Schritt, der eigentlichen Meditation, beginnt das Denken sich zu verwandeln und nimmt die Form einer sich in Hingabe öffnenden Schale an, in die nun der eigentliche geistige Inhalt sich ergießen kann. Die beiden anfangs erwähnten Bäume der Erkenntnis und des Lebens fangen damit an, sich gegenseitig zu befruchten und zu durchdringen.

Aus den an die Schilderungen des «Lichtseelenprozesses» anschließenden Darstellungen wird deutlich, dass Rudolf Steiner nicht nur von einem leibfreien, nicht an das Gehirn gebundenen Denken, sondern von einem leibfreien, genau genommen vom Gehirn abgelösten reinen Wahrnehmen spricht. Dazu äußert sich Steiner auch in physiologischer Hinsicht mehrfach (Kapitel III und IV). Dabei wird unser Sinnesorganismus als in einem atmenden Verhältnis mit der Außenwelt stehend begriffen.

Auf das reine Wahrnehmen zielen auch die weiteren Übungen, die in *Wie erlangt man Erkenntnisse der höheren Welten?* als Erleuchtungsübungen gegeben wurden. Sie werden in dieser Auswahl durch weitere, aus späteren Vorträgen stammende Übungen ergänzt (Kapitel V und VII).

Wie bereits erwähnt, knüpft Rudolf Steiner mit diesen Übungen an das Rosenkreuzertum Goethes an. Ziel des historischen Rosenkreuzertums war es, die sinnliche Welt der Stoffe, die Natur in einer über das Verstandesdenken hinausgehenden Weise zu erfassen und zu verwandeln. Dies konnte in früheren Zeiten aber nur unter Verzicht auf das Verstandesdenken geschehen. Rudolf Steiners eigentliche Leistung besteht darin, dieses alte Rosenkreuzertum an ein spiritualisiertes Denken anzuschließen und mithin einer Veröffentlichung, die sich in der heutigen Zeit selbstverständlich auf das allgemein verständliche Denken stützen muss, entgegenzuführen.

Die in diesem Band gegebenen, auf die Sinneswelt und das reine Wahrnehmen gerichteten Übungen benötigen daher als Stütze immer das verfeinerte, reine Denken, dessen Ausbildung Rudolf Steiner, wie zum Beispiel in der zentralen Darstellung des reinen Wahrnehmens in *Grenzen der Naturerkenntnis* (siehe Kapitel VI), immer voraussetzt. Die Kunst des hier dargestellten Übungsweges zeigt sich aber darin, dieses Denken, jedenfalls für die Momente des wahrnehmenden Übens, zurückzuhalten und sich ganz dem Sinnesvorgang und den sich an ihn anschließenden Nachbildern selbst zu überlassen. Erst dadurch kann der «Lichtseelenprozess» tatsächlich zu einem «Lichtseelenatem» werden. Ging es beim alten Yoga um ein Anhalten des physischen Atems, geht es auf diesem neuen Yogaweg um ein Anhalten des Denkens und damit ein Vertiefen des Wahrnehmens.

Durch diese Art des als neuer Yogaweg zu bezeichnenden Atmens gewinnt die Seele neue, bisher nicht gekannte Gefühle und Gedanken, die zuvor nur unbewusst vorüberhuschten. Damit wird der durch die Digitalisierung der Zivilisation angeheizten, immer mehr sich beschleunigenden Entwicklung der Intelligenzprozesse ein Element der bewussten *Verlangsamung* des Atemvorganges, der sich unbewusst zwischen Wahrnehmen und Denken in tieferen Bewusstseinsschichten abspielt, entgegengehalten. Ging der alte Yogaweg im Zuge der Ich-Entwicklung auf dem Wege der Atmung von außen nach innen, so wendet sich der neue Yogaweg vom nunmehr ausgebildeten Ich-Bewusstsein auf dem Wege der Wahrnehmung wieder der Außenwelt zu, um mit ihr in liebevoller Hingabe, unter Einbeziehung des Ich-Bewussteins zu verschmelzen.

Durch die seelische Vertiefung der an die Sinneswahrnehmung anschließenden Gefühle und Gedanken gelangt die Seele zur Wahrnehmung einer übersinnlichen Welt, die unmittelbar an die durch die Sinne gegebene Welt anschließt. Denn unsere Sinne, so zeigen es die in den Kapiteln III und IV enthaltenen Steiner'schen Aussagen, sind Bestandteil dieser übersinnlichen Welt, der Welt des Ätherischen, an die der Mensch durch seinen Sinnesorganismus angeschlossen ist. Lediglich sein an das Gehirn gebundener Verstand hindert ihn zunächst daran, sich dieser Beziehung zum Übersinnlichen bewusst zu werden. «Man suche nur nichts hinter den Phänomenen; sie selbst sind die Lehre», heißt es deshalb bei Goethe. Seine Art des naturwissenschaftlichen Wahrnehmens wurde so zum Vorbild des Steiner'schen Erkenntnisweges. Dieser führt, wie die Übungen zeigen, zu einem erkennenden, vertieften Wahrnehmen der Welt. Damit greift Steiner ein Motiv auf, das bereits in der christlichen Mystik als «Gespräch mit der Göttin Natura» bekannt war, und vertieft dieses nun im Sinne der neuzeitlichen Naturwissenschaft, die sich dadurch zu einer spirituell erweiterten Wissenschaft weiterentwickeln lässt (Kapitel IX).

Dass sich in einer solchen Erkenntnishaltung das ganz alltägliche Leben letztlich als ein ständiger Atemprozess gestalten lässt, der den Menschen in ein gesundes, liebevolles Verhältnis zu seiner natürlichen und menschlichen Umgebung bringen kann, zeigen abschließend die diesbezüglichen in *Wie erlangt man Erkenntnisse der höheren Welten?* beschriebenen «sieben Bedingungen» (Kapitel X). Dabei wusste Steiner sich verbunden mit derjenigen Wesenheit, die die ursprünglich kosmische Intelligenz in früheren Zeiten verwaltet hat, dem Erzengel Michael. Dieser schaut mit großer Besorgnis auf die Entwicklung der Menschheit, insofern die einstmals kosmische Intelligenz heute zur menschlichen Intelligenz geworden ist und zunehmend zu einer von Maschinen beherrschten Intelligenz zu werden droht. Der hier beschriebene Weg eines neuen, an den Sinnesprozessen orientierten Yoga wird deshalb von Rudolf Steiner als die eigentliche «Sendung Michaels» bezeichnet. Wer sich an Michael hält, der pflegt eben durch die Ausbildung des «Lichtseelenatems» im Verhältnis zur Außenwelt der Liebe (Kapitel XI). Durch dieses neue Atmen wird der Mensch sich deshalb immer mehr mit der Natur und seiner menschlichen Umwelt in Liebe verbinden können.

Andreas Neider

I DIE VORBEREITUNG

Wir können uns auch fragen: Was wird denn sozusagen in der Bewusstseinsseele entwickelt ohne ihr Zutun, entsprechend den Trieben und Begierden in der Empfindungsseele? Was wird in ihr entwickelt, wie es sozusagen den menschlichen Anlagen entspricht, sodass es sich der Mensch eigentlich nur in geringem Maße geben kann, wenn es ihm nicht wie durch eine Anlage zukommt? Da ist etwas, was noch aus der Verstandesseele herausragt in die Bewusstseinsseele: das ist das Denken. Die Stärke, die Klugheit des Denkens ist es. Nur dadurch aber kann die Bewusstseinsseele zur Ausbildung kommen, dass der Mensch ein Denker wird; denn die Selbstbewusstseinsseele soll wissen, wissen von der Welt und von sich selbst. Sie kann nur durch das höchste Instrument des Wissens zur Entwicklung kommen, nämlich durch das Denken. In Bezug auf die äußere Welt, auf die Sinneswelt, ist die äußere Empfindung und Wahrnehmung dasjenige, was uns das Wissen vermittelt, indem äußere Empfindung und Wahrnehmung uns die Anregung gibt von dem, was um uns herum ist, über die Dinge der sinnlichen Außenwelt zu wissen. Dazu gehört, dass man sich ihr überlässt, nicht stumpf ist ihr gegenüber. Sie aber, die sinnliche Außenwelt selber ist es, die uns anregt und die uns auch den äußeren Wissensdrang und Wissensdurst befriedigen kann durch die Beobachtung ihrer selbst. Anders aber ist es mit Bezug auf dasjenige, wovon immer wieder in diesen geisteswissenschaftlichen Vorträgen die Rede sein soll. Anders ist es mit dem Wissen vom Nichtsinnlichen, von dem Übersinnlichen. Das Nichtsinnliche ist zunächst für den Menschen nicht da. Will er es aber in sein Wissen aufnehmen, will er seine Bewusstseinsseele davon durchdringen, dann muss er, weil der Gegenstand des Wissens außen nicht da ist, von innen einen Antrieb empfangen, von innen muss der Impuls dazu ausgehen. Dieser Impuls, der von innen ausgeht, muss das Denken anregen, muss das Denken durchströmen und durchsetzen. Wenn aber ein solcher Impuls von der Seele ausgehen soll, so kann er nur von den Kräften ausgehen, die in der Seele sind, und das sind Gefühl und Wille außer dem Denken. Und wenn das Denken sich nicht anregen lässt von den beiden, wird es nie getrieben werden in eine übersinnliche Welt. Damit ist nicht gesagt, dass dasjenige, was übersinnlich ist, nur ein Gefühl ist, sondern dass der Führer aus dem Menschen heraus in das Übersinnliche Gefühl und Wille sein muss. Dasjenige, was uns führt, ist nicht dasjenige, was wir suchen. Suchen muss der Mensch die übersinnliche Welt, weil sie ihm zunächst ein Unbekanntes ist. Von Anfang an muss er von innen heraus an Gefühl und Willen einen Führer haben. Welche Eigenschaften aber müssen Gefühl und Wille annehmen, wenn sie Führer werden sollen in die geistige Welt, in die übersinnliche Welt?

Zunächst könnte überhaupt jemand daran Anstoß nehmen, dass das Gefühl ein Führer zum Wissen sein soll. Eine einfache Erwägung kann uns jedoch zeigen, dass das Gefühl unter allen Umständen ein Führer sein muss zum Wissen. Wer es ernst nimmt mit dem Wissen, wird ohne Zweifel zugeben, dass der Mensch in Bezug auf die Erwerbung seines Wissens logisch vorgehen soll, dass Logik ihn durchsetzen und ihn führen soll. Durch die Logik sollen diejenigen Dinge, die wir in unser Wissen aufnehmen, bewiesen werden. Der Logik bedienen wir uns als Instrument, um das, was wir in das Wissen aufnehmen, zu beweisen. Wenn aber Logik dieses Instrument ist, wodurch kann wieder die Logik bewiesen werden? Da kann man sagen: Sie kann durch sich selbst bewiesen werden. Dann aber muss es wenigstens eine Möglichkeit geben, bevor man anfängt, Logik mit Logik zu beweisen, sie mit dem Gefühl zu umfassen. Logisches Denken kann zunächst nicht bewiesen werden durch logisches Denken, sondern lediglich durch das Gefühl; und alles, was Logik ist, wird zunächst bewiesen durch das Gefühl, durch das untrügliche, in der menschlichen Seele befindliche Wahrheitsgefühl. So sieht man an diesem klassischen Beispiel, dass Logik selber das Gefühl zur Grundlage hat, dass das Gefühl die Grundlage abgibt für das Denken. Das Gefühl muss den Anstoß geben zur Bewahrheitung des Denkens. Welcher Art muss das Gefühl werden, wenn es nicht nur den Anstoß geben soll zum Denken überhaupt, sondern zu einem Denken über Welten, die zunächst dem Menschen unbekannt sind, die der Mensch zunächst nicht überschauen kann?

Die Eigenschaft, die das Gefühl annehmen muss, um zu einem Unbekannten zu führen, das muss eine Kraft sein, die aus dem Innern heraus hinstrebt zu dem Unbekannten, zu dem, was man noch nicht kennt. Wenn die menschliche Seele hinstrebt zu irgendetwas anderem, wenn diese menschliche Seele umfassen will etwas anderes mit dem Gefühl, ein solches Gefühl nennt man Liebe. Liebe kann man zu etwas Bekanntem haben, und man muss Liebe zu vielem Bekannten in der Welt haben. Aber da Liebe ein Gefühl ist, und das Gefühl für das Denken die Grundlage sein muss im umfassendsten Sinne des Wortes, so müssen wir, wenn durch das Denken gefunden werden soll ein Übersinnliches, uns klar sein darüber, dass das Umfassen des Unbekannten, des Übersinnlichen durch das Gefühl vorher möglich sein muss, bevor gedacht werden kann. Das heißt: Es muss dem Menschen möglich sein – die unbefangene Beobachtung beweist es, dass es möglich ist –, dass Liebe entwickelt wird zum Unbekannten, zum Übersinnlichen, bevor er dieses Übersinnliche denken kann. Liebe zum Übersinnlichen, bevor man imstande ist, es mit dem Lichte des Gedankens zu durchdringen, ist möglich, ist notwendig. Aber auch der Wille kann sich durchströmen mit einer Kraft, welche hinausgeht nach dem unbekannten Übersinnlichen, bevor das Denken an dieses Übersinnliche heran kann. Diejenige Eigenschaft des Willens, durch welche der Mensch die Ziele und die Absichten des Unbekannten ausführen will in seinem Willen, bevor er dieses Unbekannte umfassen kann mit dem Lichte des Gedankens, das ist die Ergebenheit in dieses Übersinnliche. So kann der Wille entwickeln die Ergebenheit in das Unbekannte, das Gefühl kann entwickeln die Liebe zum Unbekannten; und wenn sich beide vereinigen, Ergebenheit des Willens in das Unbekannte und Liebe zu diesem Unbekannten, dann entsteht durch ihre Vereinigung dasjenige, was wir im wahren Sinne des Wortes Andacht nennen. Und wenn Andacht die Vereinigung ist, die Durchdringung ist, die gegenseitige Befruchtung ist von Liebe zum Unbekannten und Ergebenheit in das Unbekannte, dann wird diese Andacht sein der vereinigte Anstoß, der uns hineinführen kann in dieses Unbekannte, damit das Denken sich seiner bemächtigen kann. So wird Andacht zum Erzieher der Bewusstseinsseele. Denn wenn diese Bewusstseinsseele hinstrebt nach dem, was ihr zunächst verborgen ist, so kann man auch im gewöhnlichen Leben von Andacht sprechen. Steht der Mensch einem Unbekannten gegenüber, das er noch nicht umfassen kann, gedanklich noch nicht erreichen kann, trotzdem es ein äußerlich Wirkliches ist, so kann man davon sprechen, dass er dem Unbekannten sich nähert in Liebe und Ergebenheit. Niemals wird die Bewusstseinsseele zu einem Wissen kommen auch über ein äußeres Ding, wenn sie sich diesem Ding nicht mit Liebe und Ergebenheit nähert, denn unsere Seele geht vorüber an den Dingen, denen sie sich nicht nähert mit Liebe und Ergebenheit oder, mit anderen Worten, in Andacht. Diese ist der Führer zur Erkenntnis, zum Wissen des Unbekannten. Liebe und Ergebenheit sind es schon im gewöhnlichen Leben, sie sind es insbesondere da, wo die Welt des Übersinnlichen in Betracht kommt.

(28. Oktober 1909)

DIE VORBEREITUNG

Die Vorbereitung besteht in einer ganz bestimmten Pflege des Gefühls- und Gedankenlebens. Durch diese Pflege werden Seelen- und Geistesleib mit höheren Sinneswerkzeugen und Tätigkeitsorganen begabt, wie die Naturkräfte den physischen Leib aus unbestimmter lebendiger Materie mit Organen ausgerüstet haben.

Der Anfang muss damit gemacht werden, die Aufmerksamkeit der Seele auf gewisse Vorgänge in der uns umgebenden Welt zu lenken. Solche Vorgänge sind das sprießende, wachsende und gedeihende Leben einerseits, und alle Erscheinungen, die mit Verblühen, Verwelken, Absterben zusammenhängen, anderseits. Überall, wohin der Mensch die Augen wendet, sind solche Vorgänge gleichzeitig vorhanden. Und überall rufen sie naturgemäß auch in dem Menschen Gefühle und Gedanken hervor. Aber nicht genug gibt sich, unter gewöhnlichen Verhältnissen, der Mensch diesen Gefühlen und Gedanken hin. Dazu eilt er viel zu rasch von einem Eindruck zum anderen. Es handelt sich darum, dass er intensiv die Aufmerksamkeit ganz bewusst auf diese Tatsachen lenke. Er muss, wo er Blühen und Gedeihen einer ganz bestimmten Art wahrnimmt, alles andere aus seiner Seele verbannen und sich kurze Zeit ganz allein *diesem einen* Eindrucke überlassen. Er wird sich bald überzeugen, dass ein Gefühl, das in einem solchen Falle durch seine Seele früher nur durchgehuscht ist, anschwillt, dass es eine kräftige und energische Form annimmt. Diese Gefühlsform muss er dann ruhig in sich nachklingen lassen. Er muss dabei ganz still in seinem Innern werden. Er muss sich abschließen von der übrigen Außenwelt und ganz allein dem folgen, was seine Seele zu der Tatsache des Blühens und Gedeihens sagt.

Dabei soll man nur ja nicht glauben, dass man weit

kommt, wenn man seine *Sinne* etwa stumpf macht gegen die Welt. Erst schaue man so lebhaft, so genau, als es nur irgend möglich ist, die Dinge an. *Dann* erst gebe man sich dem in der Seele auflebenden Gefühle, dem aufsteigenden Gedanken hin. Worauf es ankommt, ist, dass man auf *beides*, im völligen inneren Gleichgewicht, die Aufmerksamkeit richte. Findet man die nötige Ruhe und gibt man sich dem hin, was in der Seele auflebt, dann wird man, nach entsprechender Zeit, das Folgende *erleben*. Man wird neue Arten von Gefühlen und Gedanken in seinem Innern aufsteigen sehen, die man vorher nicht gekannt hat. Je öfter man in einer solchen Weise die Aufmerksamkeit auf etwas Wachsendes, Blühendes und Gedeihendes und damit abwechselnd auf etwas Welkendes, Absterbendes lenkt, desto lebhafter werden diese Gefühle werden. Und aus den Gefühlen und Gedanken, die so entstehen, bauen sich die Hellseherorgane ebenso auf, wie sich durch Naturkräfte aus belebtem Stoffe Augen und Ohren des physischen Körpers aufbauen. Eine ganz bestimmte Gefühlsform knüpft sich an das Wachsen und Werden; eine andere ganz bestimmte an das Verwelken und Absterben. Aber nur dann, wenn die Pflege dieser Gefühle auf die beschriebene Art angestrebt wird. Es ist möglich, annähernd richtig zu beschreiben, wie diese Gefühle sind. Eine vollständige Vorstellung kann sich davon jeder selbst verschaffen, indem er diese inneren Erlebnisse durchmacht. Wer oft die Aufmerksamkeit auf den Vorgang des Werdens, des Gedeihens, des Blühens gelenkt hat, der wird etwas fühlen, was der Empfindung bei einem Sonnenaufgang *entfernt ähnlich* ist. Und aus dem Vorgang des Welkens, Absterbens wird sich ihm ein Erlebnis ergeben, das in ebensolcher Art mit dem langsamen Aufsteigen des Mondes im Gesichtskreis zu vergleichen ist. Diese beiden Gefühle sind zwei Kräfte, die bei gehöriger Pflege, bei immer lebhafter werdender Ausbildung zu den bedeutsamsten geistigen Wirkungen führen. Wer sich immer wieder und wieder planmäßig, mit Vorsatz, solchen Gefühlen überlässt, dem eröffnet sich eine neue Welt. Die Seelenwelt, der sogenannte astrale Plan, beginnt vor ihm aufzudämmern. Wachsen und Vergehen bleiben für ihn nicht mehr Tatsachen, die ihm solch unbestimmte Eindrücke machen wie vorher. Sie formen sich vielmehr zu geistigen Linien und Figuren, von denen er vorher nichts ahnte. Und diese Linien und Figuren haben für die verschiedenen Erscheinungen auch verschiedene Gestalten. Eine blühende Blume zaubert vor seine Seele eine ganz bestimmte Linie, ebenso ein im Wachsen begriffenes Tier oder ein im Absterben befindlicher Baum. Die Seelenwelt (der astrale Plan) breitet sich langsam vor ihm aus. Nichts Willkürliches liegt in diesen Linien und Figuren. Zwei Geheimschüler, die sich auf der entsprechenden Stufe der Ausbildung befinden, werden bei dem gleichen Vorgange stets dieselben Linien und Figuren sehen. So gewiss zwei richtig sehende Menschen einen runden Tisch rund sehen, und nicht einer rund und der andere viereckig, so gewiss stellt sich vor zwei Seelen beim Anblicke einer blühenden Blume dieselbe geistige Gestalt. – So wie die Gestalten der Pflanzen und Tiere in der gewöhnlichen Naturgeschichte beschrieben werden, so beschreibt oder zeichnet der Kenner der Geheimwissenschaft die geistigen Gestalten der Wachstums- und Absterbensvorgänge nach Gattungen und Arten.

Wenn der Schüler so weit ist, dass er solch geistige Gestalten von Erscheinungen sehen kann, die sich seinem äußeren Auge auch physisch zeigen: Dann wird er auch nicht weit entfernt sein von der Stufe, Dinge zu sehen, die kein physisches Dasein haben, die also dem ganz verborgen (okkult) bleiben müssen, der keine Unterweisung in der Geheimlehre erhalten hat.

Zu betonen ist, dass der Geheimforscher sich nicht in ein Nachsinnen verlieren soll, was dieses oder jenes Ding *bedeutet*. Durch solche Verstandesarbeit bringt er sich nur von dem rechten Wege ab. Er soll frisch, mit gesundem Sinne, mit scharfer Beobachtungsgabe in die Sinnenwelt sehen und dann sich seinen Gefühlen überlassen. Was die Dinge bedeuten, das soll nicht er mit spekulierendem Verstande ausmachen wollen, sondern er soll es sich von den Dingen selbst sagen lassen.[1]

Ein Weiteres, worauf es ankommt, ist das, was die Geheimwissenschaft die *Orientierung* in den höheren Welten nennt. Man gelangt dazu, wenn man sich ganz von dem Bewusstsein durchdringt, dass Gefühle und Gedanken *wirkliche Tatsachen* sind, genau so wie Tische und Stühle in der physisch-sinnlichen Welt. In der seelischen und in der Gedankenwelt wirken Gefühle und

1 Bemerkt soll werden, dass *künstlerisches* Empfinden, gepaart mit einer stillen, in sich versenkten Natur, die beste Vorbedingung für die Entwicklung der geistigen Fähigkeiten ist. Dieses Empfinden dringt ja durch die Oberfläche der Dinge hindurch und gelangt dadurch zu deren Geheimnissen.

Gedanken aufeinander wie in der physischen die sinnlichen Dinge. Solange jemand nicht lebhaft von diesem Bewusstsein durchdrungen ist, wird er nicht glauben, dass ein verkehrter Gedanke, den er hegt, auf andere Gedanken, die den Gedankenraum beleben, so verheerend wirken kann wie eine blindlings losgeschossene Flintenkugel für die physischen Gegenstände, die sie trifft. Ein solcher wird sich vielleicht niemals erlauben, eine physisch-sichtbare Handlung zu begehen, die er für sinnlos hält. Er wird aber nicht davor zurückschrecken, verkehrte Gedanken oder Gefühle zu hegen. Denn diese erscheinen ihm ungefährlich für die übrige Welt. In der Geheimwissenschaft kann man aber nur vorwärtskommen, wenn man auf seine Gedanken und Gefühle ebenso achtet, wie man auf seine Schritte in der physischen Welt achtet. Wenn jemand eine Wand sieht, so versucht er nicht, geradewegs durch dieselbe durchzurennen; er lenkt seine Schritte seitwärts. Er richtet sich eben nach den Gesetzen der physischen Welt. – Solche Gesetze gibt es nun auch für die Gefühls- und Gedankenwelt. Nur können sie dem Menschen da nicht von außen sich aufdrängen. Sie müssen aus dem Leben seiner Seele selbst fließen. Man gelangt dazu, wenn man sich jederzeit verbietet, verkehrte Gefühle und Gedanken zu hegen. Alles willkürliche Hin- und Hersinnen, alles spielerische Fantasieren, alle zufällig auf- und abwogenden Gefühle muss man sich in dieser Zeit verbieten. Man macht sich dadurch nicht gefühlsarm. Man wird nämlich bald finden, dass man reich an Gefühlen, schöpferisch in wahrer Fantasie erst wird, wenn man in solcher Art sein Inneres regelt. An die Stelle kleinlicher Gefühlsschwelgerei und spielerischer Gedankenverknüpfung treten bedeutsame Gefühle und fruchtbare Gedanken. Und diese Gefühle und Gedanken führen den Menschen dazu, sich in der geistigen Welt zu *orientieren*. Er kommt in richtige Verhältnisse zu den Dingen der Geisteswelt. Eine ganz bestimmte Wirkung tritt für ihn ein. Wie er als physischer Mensch seinen Weg findet zwischen den physischen Dingen, so führt ihn jetzt sein Pfad zwischen *Wachsen* und *Absterben*, die er ja auf dem oben bezeichneten Weg kennenlernt, hindurch. Er folgt dann allem Wachsenden, Gedeihenden und auch anderseits allem Verwelkenden und Absterbenden so, wie es zu seinem und der Welt Gedeihen erforderlich ist.

Eine weitere Pflege hat der Geheimschüler der Welt der *Töne* angedeihen zu lassen. Man unterscheide da zwischen dem Tone, der durch das sogenannte *Leblose* (einen fallenden Körper, eine Glocke oder ein Musikinstrument) hervorgebracht wird, und dem, welcher von Lebendigem (einem Tiere oder Menschen) stammt. Wer eine Glocke hört, wird den Ton wahrnehmen und ein angenehmes Gefühl daran knüpfen; wer den Schrei eines Tieres hört, wird außer diesem Gefühl in dem Tone noch die Offenbarung eines inneren Erlebnisses des Tieres, Lust oder Schmerz, verspüren. Bei der letzteren Art von Tönen hat der Geheimschüler einzusetzen. Er soll seine ganze Aufmerksamkeit darauf lenken, dass der Ton ihm etwas verkündet, was außer der eigenen Seele liegt. Und er soll sich versenken in dieses Fremde. Er soll sein Gefühl innig verbinden mit dem Schmerz oder der Lust, die ihm durch den Ton verkündet werden. Er soll darüber hinweg sich setzen, was *für ihn* der Ton ist, ob er ihm angenehm oder unangenehm ist, wohlbehaglich oder missfällig; nur das soll seine Seele erfüllen, was in dem Wesen vorgeht, von dem der Ton kommt. Wer planmäßig und mit Vorbedacht solche Übungen macht, der wird sich dadurch die Fähigkeit aneignen, mit einem Wesen, sozusagen, zusammenzufließen, von dem der Ton ausgeht. Einem musikalisch empfindenden Menschen wird solche Pflege seines Gemütslebens leichter sein als einem unmusikalischen. Doch darf niemand glauben, dass der musikalische Sinn schon diese Pflege ersetzt. Man muss, als Geheimschüler, in dieser Art der *ganzen Natur* gegenüber empfinden lernen. – Und dadurch senkt sich in Gefühls- und Gedankenwelt eine neue Anlage. Die ganze Natur fängt an, dem Menschen durch ihr Ertönen Geheimnisse zuzuraunen. Was vorher seiner Seele unverständlicher Schall war, wird dadurch sinnvolle *Sprache der Natur*. Und wobei er vorher nur Ton gehört hat, beim Erklingen des sogenannten Leblosen, vernimmt er jetzt eine neue Sprache der Seele. Schreitet er in solcher Pflege seiner Gefühle vorwärts, dann wird er bald gewahr, dass er *hören* kann, wovon er vorher nichts vermutet hat. Er fängt an, *mit der Seele* zu hören.

Dazu muss dann noch etwas anderes kommen, um zum Gipfel zu gelangen, der auf diesem Gebiete zu erreichen ist. – Was für die Ausbildung des Geheimschülers ganz besonders wichtig ist, das ist die Art, wie er anderen Menschen beim Sprechen *zuhört*. Er muss sich daran gewöhnen, dies so zu tun, dass dabei sein eigenes Innere vollkommen *schweigt*. Wenn jemand eine Meinung äußert, und ein anderer hört zu, so wird sich im Innern des Letzteren im allgemeinen Zustimmung oder Widerspruch regen. Viele Menschen werden wohl auch sofort sich gedrängt fühlen, ihre zustimmende und namentlich ihre widersprechende Meinung zu äußern. Alle solche Zustimmung und allen solchen Widerspruch muss der Geheimschüler zum Schweigen bringen. Es kommt dabei nicht darauf an, dass er plötzlich seine Lebensart so ändere, dass er solch inneres, gründliches Schweigen fortwährend zu erreichen sucht. Er wird damit den Anfang machen müssen, dass er es in einzelnen Fällen tut, die er sich mit Vorsatz auswählt. Dann wird sich ganz langsam und allmählich, wie von selbst, diese ganz neue Art des Zuhörens in seine Gewohnheiten einschleichen. – In der Geistesforschung wird solches planmäßig geübt. Die Schüler fühlen sich verpflichtet, übungsweise zu gewissen Zeiten sich die entgegengesetztesten Gedanken anzuhören und dabei alle Zustimmung und namentlich alles abfällige Urteilen vollständig zum Verstummen zu bringen. Es kommt darauf an, dass dabei nicht nur alles verstandesmäßige Urteilen schweige, sondern auch alle Gefühle des Missfallens, der Ablehnung oder auch Zustimmung. Insbesondere muss sich der Schüler stets sorgfältig beobachten, ob nicht solche Gefühle, wenn auch nicht an der Oberfläche, so doch im intimsten Innern seiner Seele vorhanden seien. Er muss sich z. B. die Aussprüche von Menschen anhören, die in irgendeiner Beziehung weit unter ihm stehen, und muss dabei *jedes* Gefühl des Besserwissens oder der Überlegenheit unterdrücken. – Nützlich ist es für jeden, in solcher Art Kindern zuzuhören. Auch der Weiseste kann unermesslich viel von Kindern lernen. – So bringt es der Mensch dazu, die Worte des anderen ganz *selbstlos* zu hören, mit vollkommener Ausschaltung seiner eigenen Person, deren Meinung und Gefühlsweise. Wenn er sich so übt, kritiklos zuzuhören, auch dann, wenn die völlig entgegengesetzte Meinung vorgebracht wird, wenn das «Verkehrteste» sich vor ihm abspielt, dann lernt er nach und nach mit dem Wesen eines anderen vollständig zu verschmelzen, ganz in dasselbe aufzugehen. Er hört dann durch die Worte hindurch in des anderen Seele hinein. Durch anhaltende Übung solcher Art wird erst der Ton das rechte Mittel, um Seele und Geist wahrzunehmen. Allerdings gehört dazu die allerstrengste Selbstzucht. Aber diese führt zu einem hohen Ziele. Wenn diese Übungen nämlich in Verbindung mit den anderen getrieben werden, die angegeben worden sind bezüglich des Tönens in der Natur, so erwächst der Seele ein neuer Hörsinn. Sie wird imstande, Kundgebungen aus der geistigen Welt wahrzunehmen, die nicht ihren Ausdruck finden in äußeren Tönen, die für das physische Ohr wahrnehmbar sind. Die Wahrnehmung des «inneren Wortes» erwacht. Dem Geheimschüler offenbaren sich allmählich von der Geisteswelt aus Wahrheiten. Er hört auf geistige Art zu sich sprechen.[2] – Alle höheren Wahrheiten werden durch

2 Nur wer durch selbstloses Zuhören es dahin bringt, dass er wirklich von innen aufnehmen kann, still, ohne Regung einer persönlichen Meinung oder eines persönlichen Gefühls, zu dem können die höheren Wesenheiten sprechen, von denen man in der Geheimwissenschaft spricht. Solange man noch irgendeine Meinung, irgendein Gefühl dem zu Hörenden entgegenschleudert, schweigen die Wesenheiten der Geisteswelt.

solches «inneres Einsprechen» erreicht. Und was man aus dem Munde eines wahren Geheimforschers hören kann, das hat er durch diese Art in Erfahrung gebracht. – Damit aber soll nicht gesagt sein, dass es unnötig sei, sich mit geheimwissenschaftlichen Schriften zu befassen, bevor man selbst in solcher Weise «inneres Einsprechen» vernehmen kann. Im Gegenteil: Das Lesen solcher Schriften, das Anhören der Geheimforscherlehren sind selbst Mittel, auch zu eigener Erkenntnis zu gelangen. Jeder Satz der Geheimwissenschaft, den der Mensch hört, ist geeignet, den Sinn dahin zu lenken, wohin er gelangen muss, soll die Seele wahren Fortschritt erleben. Zu all dem Gesagten muss vielmehr eifriges Studium dessen treten, was die Geheimforscher der Welt mitteilen. Bei aller Geheimschulung gehört solches Studium zur Vorbereitung. Und wer alle sonstigen Mittel anwenden wollte, er käme zu keinem Ziele, wenn er nicht die Lehren der Geheimforscher in sich aufnähme. Denn weil diese Lehren aus dem lebendigen «inneren Worte», aus der «lebendigen Einsprechung» geschöpft sind, haben sie selbst geistiges Leben. Sie sind nicht bloß Worte. Sie sind lebendige Kräfte. Und während du den Worten eines Geheimkundigen folgst, während du ein Buch liest, das einer wirklichen inneren Erfahrung entstammt, wirken in deiner Seele *Kräfte*, welche dich ebenso *hellsehend* machen, wie die Naturkräfte aus lebendigem Stoffe deine Augen und Ohren gebildet haben.

(Wie erlangt man Erkenntnisse der höheren Welten?, 1904/1905)

Es kann nicht die Aufgabe des heutigen Menschen sein, auf diese Weise, wie es in älteren Zeiten der Fall war, seinen Weg hinein in die geistige Welt zu suchen. Der heutige Mensch soll nicht auf dem Umwege durch das Atmen, sondern er soll auf einem seelischeren Wege, auf einem Wege mehr des Gedankens selber sich in die geistigen Welten hinaufleben. Daher ist es heute richtig, wenn der Mensch in der Meditation, in der Konzentration seiner Gedanken und Bilder das, was sonst bloßer logischer Zusammenhang ist, in einen, ich möchte sagen, musikalischen Zusammenhang innerhalb des Gedankens selbst verwandelt. Immer ist aber das heutige Meditieren zunächst ein Erleben in Gedanken, ein Übergang des einen Gedankens in den anderen, ein Übergang der einen Vorstellung in die andere.

Während der alte indische Yogi von einer Atemart zu der anderen übergegangen ist, muss der heutige Mensch versuchen, lebendig sich mit seiner ganzen Seele zum Beispiel hineinzuleben in das Rot. Er bleibt also im Gedanklichen. Er lebt sich dann in das Blau hinein. Er macht den Rhythmus durch: Rot, Blau; Blau, Rot; Rot, Blau – was ein Gedankenrhythmus ist, aber nicht so, wie er im logischen Denken abläuft, sondern als ein viel lebendigeres Denken.

Wenn der Mensch genügend lange solche Übungen macht – genügend lange musste auch der alte Yogi seine Übungen machen –, wenn er gewissermaßen den Schwung, den Rhythmus, die innere Qualitätsänderung: Rot, Blau; Blau, Rot; Hell, Dunkel; Dunkel, Hell erlebt – kurz, wenn er solche Anweisungen befolgt, wie Sie ja einzelne in meinem Buche «Wie erlangt man Erkenntnisse der höheren Welten?» finden; wenn der Mensch also stehen bleibend im Denken nun nicht gewissermaßen den Atem hineintreibt in den Nerven-Sinnesprozess, sondern wenn er gleich beim Nerven-Sinnesprozess beginnt und den Nerven-Sinnesprozess selber in einen inneren Schwung und Rhythmus und in eine Qualitätsänderung hineinbringt, dann erlangt er gerade das Gegenteil von dem, was der alte Yogi erlangt hat. Der alte Yogi schaltete gewissermaßen den Denkprozess mit dem Atmungsprozess zusammen; er machte eines aus dem Denkprozess und dem Atmungsprozess. Wir versuchen heute den letzten Zusammenhang zwischen dem Atmungsprozess und dem Denkprozess, der ja ohnehin sehr unbewusst ist, noch zu lösen. Wenn Sie im gewöhnlichen Bewusstsein sind, wenn Sie im gewöhnlichen Bewusstsein nachdenken über Ihre natürliche Umgebung, so haben Sie niemals in Ihren Vorstellungen etwa einen bloßen Nerven-Sinnesprozess, sondern da geht immer noch der Atem hinein. Sie denken, indem fortwährend Ihr Atem Ihren Nerven-Sinnesprozess durchwellt und durchströmt.

Alle Übungen des Meditierens der neueren Zeit gehen darauf aus, das Denken ganz loszulösen von dem Atmungsprozess. Dadurch reißt man es aber nicht etwa aus dem Rhythmus heraus, sondern man reißt es nur aus einem Rhythmus heraus, der der innere Rhythmus ist. Aber man verbindet dann allmählich das Denken mit einem äußeren Rhythmus. Indem man das Denken loslöst vom Atmungsrhythmus – darauf gehen unsere heutigen Meditationen aus –, lässt man das Denken gewissermaßen hineinströmen in den Rhythmus der äußeren Welt. Der Yogi ging zu seinem eigenen Rhythmus zurück. Der heutige Mensch geht zu dem Rhythmus der äußeren Welt zurück. Lesen Sie gleich die ersten Übungen, welche ich angegeben habe in «Wie erlangt man Erkenntnisse der höheren Welten?», wo ich zeige, wie man, sagen wir, das Keimen und das Wachsen einer Pflanze verfolgen soll. Die Meditation geht darauf hin, die Vorstellung, das Denken von dem Atmen loszulösen und es untertauchen zu lassen in die Wachstumskräfte der Pflanze selber.

Das Denken soll in den Rhythmus hinausgehen, der die äußere Welt durchzieht. In dem Momente aber, wo das Denken wirklich in dieser Weise sich befreit von den leiblichen Funktionen, wo es sich losreißt vom Atem, wo es sich allmählich zusammenbindet mit dem äußeren Rhythmus, da taucht es unter, jetzt nicht in die sinnlichen Wahrnehmungen, in die sinnlichen Eigenschaften der Dinge, sondern da taucht es unter in das Geistige der einzelnen Dinge.

Wenn Sie eine Pflanze anschauen – sie ist grün, sie ist in der Blüte rot. Das sagt Ihnen Ihr Auge. Darüber denkt dann Ihr Verstand nach. Von dem lebt unser gewöhnliches Bewusstsein. Ein anderes Bewusstsein entwickeln wir, wenn wir das Denken losreißen vom Atem, wenn wir es verbinden mit dem, was da draußen ist. Dieses Denken, das lernt mitvibrieren mit der Pflanze, wie sie heranwächst, wie sie sich in der Blüte entfaltet, wie sie, bei einer Rose zum Beispiel, aus dem Grün in das Rote hinübergeht. Das vibriert hinaus in das Geistige, das allen einzelnen Dingen der Außenwelt zugrunde liegt.

Sehen Sie, das ist der Unterschied des modernen Meditierens von den Yogaübungen einer sehr alten Zeit. Dazwischen gibt es natürlich vieles, aber ich erwähne diese beiden Extreme. Und dadurch, dass der Mensch sich in diesen äußeren Rhythmus allmählich hineinlebt, geschieht nun Folgendes.

Der Yogi tauchte unter in seinen eigenen Atmungsprozess. Er senkte sich selber in sich hinein. Dadurch bekam er das Selbst wie eine Erinnerung. Er erinnerte sich gewissermaßen an das, was er früher war, bevor er auf die Erde heruntergestiegen war. Wir gehen mit unserer Seele aus unserem Leibe heraus. Wir verbinden uns mit dem, was da draußen im Rhythmus, also geistig lebt. Dadurch schauen wir jetzt dasjenige an, was wir waren, bevor wir auf die Erde heruntergestiegen sind.

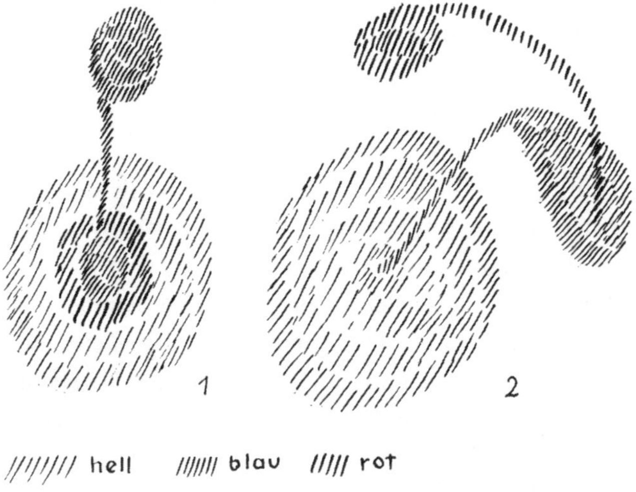

Sehen Sie, das ist der Unterschied. Ich will es schematisch aufzeichnen: Wenn das der Yogi war (Zeichnung 1, hell), so entwickelte er sein starkes Ich-Gefühl (rot). Mit diesem Ich-Gefühl erinnerte er sich an dasjenige, was er war, bevor er auf die Erde heruntergestiegen ist, wo er in einer geistig-seelischen Umgebung war (blau). Es ging der Strom der Erinnerung zurück.

Wenn das hier der moderne übersinnliche Erkenner ist (Zeichnung 2, hell), so entwickelt er einen solchen Vorgang, dass er aus seinem Leibe herausgeht (blau), dadurch in dem Rhythmus der äußeren Welt lebt, und jetzt als einen äußeren Gegenstand dasjenige anschaut (rot), was er vorher war, bevor er auf die Erde heruntergestiegen ist. So ist die Erkenntnis des vorgeburtlichen Zustandes für die alten Zeiten etwas wie ein Erinnern gewesen. So ist das Erkennen des vorgeburtlichen Zustandes, wenn es richtig entwickelt wird, in der Gegenwart ein Anschauen dessen, wie man war (rot). Das ist der Unterschied.

(27. Mai 1922)

Nun muss ich Ihnen den Weg zeigen, durch den man zu einer solchen Behauptung, wie sie eben getan worden ist, kommen kann; zu der Behauptung, dass sich ein Äther- oder Lebensleib – eigentlich eine Äther- oder Lebenswelt –, eine Vielheit, eine Mannigfaltigkeit differenzierter Wesen hinter unserer physischen Natur findet. Wenn ich sagen will, wie man dazu kommen kann, dann kann ich das in die einfachen Worte kleiden: Man gelangt immer mehr zu der Anerkennung dieser Äther- oder Lebenswelt hinter der physischen Natur dadurch, dass man beginnt, die ganze Welt, die um einen herum ist, moralisch zu empfinden. Was heißt das: die Welt moralisch empfinden? Wir richten zunächst einmal unseren Blick, von der Erde aufschauend, in die Weiten des Weltenraums, aus denen uns entgegenkommt das Blau des Himmels. Wir nehmen an, wir tun das an einem Tag, an dem kein Wölkchen, nicht das leiseste weiße Silberwölkchen die Himmelsbläue unterbricht. Wir nehmen an, wir blicken überall hin in das sich über uns ausspannende Blau des Himmels. Ob wir das im physischen Sinne anerkennen als etwas Reales oder nicht, darauf kommt es nicht an, auf den Eindruck kommt es zunächst an, den dieses sich ausspannende Blau des Himmels auf uns macht. Nehmen wir an, wir können dieses Sich-Hingeben an das Blaue des Himmels intensiv, lange, lange machen, und wir können es so machen, dass wir vergessen alles dasjenige, was uns sonst aus dem Leben bekannt ist oder was sonst im Leben um uns herum ist. Nehmen wir an, wir könnten alle äußeren Eindrücke, alle Erinnerungen, alle Sorgen des Lebens, alle Bekümmernisse des Lebens für einen Augenblick vergessen und ganz hingegeben sein dem einzigen Eindrucke des blauen Himmels. Ja, das, was ich Ihnen jetzt sage, kann jede menschliche Seele erfahren, wenn sie nur die entsprechenden Veranstaltungen unternimmt; eine allgemein menschliche Erfahrung kann das werden, was ich Ihnen jetzt sage. Nehmen Sie an, eine menschliche Seele blickt so auf nichts als auf das Blau des Himmels schauend: Dann tritt ein gewisser Moment ein, ein Moment, wo aufhört das Blau des Himmels, wo wir nicht mehr Blau sehen, nicht mehr etwas sehen, was wir in irgendeiner menschlichen Sprache mit Blau bezeichnen. Wenn wir aber uns auf unsere eigene Seele besinnen in dem Moment, wo das Blau aufhört für uns blau zu sein, dann werden wir in unserer Seele eine ganz bestimmte Stimmung bemerken: Das Blau verschwindet gleichsam, eine Unendlichkeit tut sich vor uns auf, und in diese Unendlichkeit hinein will eine ganz bestimmte Stimmung unserer Seele, ein ganz bestimmtes Gefühl, eine ganz bestimmte Empfindung unserer Seele sich ergießen in die Leerheit, die da entsteht, wo vorher Blau war. Und wollen wir diese Seelenempfindung, wollen wir das, was da hinaus will in alle unendlichen Fernen, wollen wir das benennen, dann haben wir dafür nur ein Wort: fromm fühlt unsere Seele, fromm gegenüber einer Unendlichkeit, hingegeben fromm. Alle religiösen Gefühle der Menschheitsentwicklung haben im Grunde genommen eine Nuance, welche das in sich schließt, was ich jetzt hier fromm nenne. Fromm hingegeben, religiös gestimmt, moralisch ist der Eindruck des blauen Himmelsgewölbes geworden. Eine moralische Empfindung hat das Blau, das weithin sich dehnt, in unserer Seele hervorgerufen: Indem es als Blau verschwunden ist, lebte auf in unserer Seele eine moralische Empfindung gegenüber der äußeren Welt.

Und jetzt wollen wir uns auf eine andere Empfindung besinnen, wo wir wieder in anderer Weise uns moralisch stimmen können gegenüber der äußeren Natur. Wir wollen hinblicken, wenn die Bäume ausschlagen und die Wiesen sich mit Grün füllen, wir wollen unseren Blick richten auf das Grün, das in der mannigfaltigsten Weise die Erde bedecken oder uns aus den Bäumen entgegentreten kann, und wir wollen es wieder so machen, dass wir alles vergessen, was an äußeren Eindrücken auf unsere Seele wirken kann, und uns lediglich hingeben, dem, was da in der äußeren Natur vor uns hintritt als das Grün. Wenn wir wieder imstande sind, uns dem, was real als das Grüne aufschießt, hinzugeben, so können wir dies wieder so weit treiben, dass das Grüne als Grünes für uns verschwindet, wie früher das Blaue als Blaues verschwunden ist. Wir können also wieder nicht sagen, eine Farbe breitet sich vor unserem Blick aus, dafür aber – ich bemerke ausdrücklich, ich erzähle Dinge, die jeder an sich erfahren kann, der die betreffenden Veranstaltungen macht – fühlt die Seele eigenartig. Sie fühlt: Jetzt verstehe ich das, was ich erlebe, wenn ich in mir vorstelle, wenn ich in mir denke, schaffe, wenn ein Gedanke in mir aufschießt, wenn eine Vorstellung in mir erklingt! Das verstehe ich erst jetzt, das lehrt mich erst das Hervorsprießen des Grünen überall um mich herum. Ich fange an, das Innerste meiner Seele zu verstehen an der äußeren Natur, wenn sie als äußerer Natureindruck verschwunden ist und mir ein moralischer Eindruck dafür geblieben ist. Das Grün der Pflanzen sagt es mir, wie ich fühlen sollte in mir selbst, wenn meine Seele begnadet ist, Gedanken zu denken, Vorstellungen zu hegen. – Wiederum ist ein äußerer Natureindruck verwandelt in eine moralische Empfindung.

Oder wir blicken hin auf eine weiße Schneefläche. Sie kann in derselben Art, wie das jetzt hier für das Blau des Himmels und das Grün der Pflanzendecke geschildert worden ist, in uns eine moralische Empfindung auslösen. Sie wird die moralische Empfindung auslösen für alles das, was wir nennen die Erscheinung des Stoffes in der Welt. Und erst, wenn man über die weiße Schneedecke hinschauend alles Übrige vergessen hat und das Weiße empfindet und dann verschwinden lässt, dann bekommt man ein Verständnis für das, was die Welt als Stoff erfüllt. Dann fühlt man den Stoff webend und wesend in der Welt.

Und so kann man alle äußeren Gesichtseindrücke in moralische verwandeln, so kann man Gehöreindrücke in moralische Empfindungen verwandeln. Nehmen wir an, wir hören einen Ton und hören daraufhin seine Oktave. Wenn wir gegenüber diesem Zweiklang eines Grundtones und seiner Oktave wiederum unsere Seele so stimmen, dass sie alles Übrige vergisst, alles Sonstige aus sich ausschaltet und dann, ganz hingegeben diesem Zweiklange des Grundtones der Prim und der Oktave, endlich es dahinbringt, trotzdem diese zwei Töne tönen, sie nicht mehr zu hören, gleichsam die Aufmerksamkeit abzuwenden von diesem Zweiklang, dann finden wir, dass in unserer Seele wiederum eine moralische Empfindung losgelöst wird. Wir fangen dann an, ein geistiges Verständnis zu empfangen für das, was wir erleben, wenn in uns ein Wunsch lebt, der uns zu irgendetwas hinführen will, und dann unsere Vernunft auf diesen Wunsch wirkt. Das Zusammenklingen von Wunsch und Vernunft, von Gedanke und Begierde, wie sie in der menschlichen Seele leben, dies empfindet sie an einem Ton und seiner Oktave.

So könnten wir die mannigfaltigsten Sinnesempfindungen auf uns wirken lassen. Wir könnten auf diese Weise das, was wir ringsherum in der Natur durch unsere Sinne wahrnehmen, gleichsam verschwinden lassen, sodass diese sinnliche Decke hinweggehoben wird; dann würden überall moralische Empfindungen der Sympathie und Antipathie auftreten. Und wenn wir auf diese Weise uns angewöhnen, alles das, was unsere Augen sehen, was unsere Ohren hören, was unsere Hände greifen, was unser Verstand, der an das Gehirn gebunden ist, versteht, auszuschalten und uns angewöhnen, doch der Welt gegenüberzustehen, dann wirkt ein Tieferes in uns als die Sehkraft unserer Augen, als die Hörkraft unserer Ohren, als die Verstandeskraft unseres Gehirndenkens: Dann stehen wir mit einem tieferen Wesen der Außenwelt gegenüber. Dann wirkt die Weite der Unendlichkeit auf uns so, dass wir religiös gestimmt werden. Dann wirkt die grüne Pflanzendecke auf uns so, dass wir uns selbst in unserem Innern geistig erblühen fühlen und empfinden. Dann wirkt die weiße Schneedecke so, dass wir an ihr Verständnis gewinnen, was Materie, was Stoff ist in der Welt. Dann erfasst etwas Tieferes in uns die Welt als das, was sonst die Welt erfasst. Daher kommen wir auf diese Weise auch zu etwas Tieferem in der Welt als sonst. Da ist gleichsam hinweggezogen der äußere Schleier der Natur, und wir kommen in eine Welt, die hinter diesem äußeren Schleier liegt.

Geradeso wie wir, wenn wir hinter den physischen Leib des Menschen blicken, in den Äther- oder Lebensleib gelangen, so kommen wir auf diese Weise in ein Gebiet, auf dem sich uns nach und nach mannigfaltige Wesenheiten enthüllen, jene Wesenheiten, welche hinter dem mineralischen Reich, hinter dem pflanzlichen und tierischen Reich wesen und kraften. Die ätherische Welt geht uns nach und nach differenziert in ihren Einzelheiten auf.

(3. April 1912)

II DER LICHTSEELENPROZESS

Nun handelt es sich darum, dass wiederum errungen werden muss, aber jetzt in bewusster Weise wiederum errungen werden muss dasjenige, was verloren gegangen ist. Das heißt, wir müssen wiederum zum Erfassen von etwas kommen, was im Inneren des Menschen ist, was zu gleicher Zeit der Außenwelt und dem Inneren angehört, was sich wiederum übergreift.

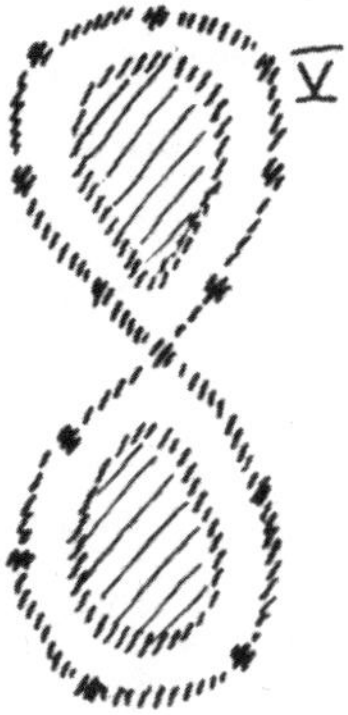

Das muss das Bestreben des fünften nachatlantischen Zeitraums sein. Das Bestreben des fünften nachatlantischen Zeitraums muss sein, wiederum etwas im Menscheninneren zu finden, wo sich in dem, was wir in uns finden, zu gleicher Zeit ein äußerer Prozess abspielt.

Sie werden sich wohl erinnern, dass ich auf dieses wichtige Faktum bereits hingedeutet habe; dass ich hingedeutet habe in meinem letzten Aufsatz der «Sozialen Zukunft», wo ich scheinbar die Bedeutung dieser Dinge für das soziale Leben behandelt habe, wo aber deutlich gerade darauf hingedeutet ist, dass etwas gefunden werden muss, wo der Mensch zu gleicher Zeit etwas in sich ergreift, was er erkennt als einen Prozess der Welt. Wir können als Menschen der Gegenwart dies nicht etwa dadurch erreichen, dass wir zurückgreifen auf die Yogakultur; die ist etwas Vergangenes. Denn, sehen Sie, der Atmungsprozess selbst hat sich verändert. Das können Sie natürlich heute nicht auf der Klinik nachweisen. Aber der Atmungsprozess des Menschen ist seit dem dritten nachatlantischen Kulturzeitalter ein anderer geworden. Grob gesprochen könnte man sagen: Im dritten nachatlantischen Kulturzeitalter atmete der Mensch noch Seele, jetzt atmet er Luft. Nicht bloß etwa unsere Vorstellungen sind materialistisch geworden, die Realität selber hat ihre Seele verloren.

Ich bitte Sie, in dem, was ich jetzt sage, nicht etwas Unerhebliches zu sehen. Denn denken Sie, was das bedeutet, dass sich die Realität, in der die Menschheit lebt, selber so umgewandelt hat, dass unsere Atemluft etwas anderes ist, als sie etwa vor vier Jahrtausenden war. Nicht etwa bloß das Bewusstsein der Menschheit hat sich verändert, o nein, in der Atmosphäre der Erde war Seele. Die Luft war die Seele. Das ist sie heute nicht mehr, beziehungsweise sie ist es in anderer Art. Die geistigen Wesenheiten elementarer Natur, von denen ich gestern gesprochen habe, die dringen wiederum in sie ein, die kann man atmen, wenn man heute Yogaatmen treibt. Aber dasjenige, was in der normalen Atmung vor drei Jahrtausenden erlangbar war, das kann nicht auf künstliche Weise zurückgebracht werden. Dass das zurückgebracht werden könne, ist die große Illusion der Orientalen. Das, was ich jetzt sage, ist etwas, was durchaus eine Realität beschreibt. Jene Beseelung der Luft, die zu dem Menschen gehört, die ist nicht mehr da. Und deshalb können die Wesen, ich möchte sie die antimichaelischen Wesen nennen, von denen ich gestern gesprochen habe, in die Luft eindringen und durch die Luft in den Menschen, und auf diese Weise gelangen sie in die Menschheit, so wie ich das gestern beschrieben habe. Und wir können sie nur vertreiben, wenn wir an die Stelle des Yogamäßigen das Richtige setzen von heute. Wir müssen uns klar werden darüber, dass dieses Richtige angestrebt werden muss. Dieses Richtige kann nur angestrebt werden, wenn wir uns einer viel feineren Beziehung des Menschen zur Außenwelt bewusst werden, sodass mit Bezug auf unseren Ätherleib etwas stattfindet, das immer mehr und mehr in unser Bewusstsein hereinkommen muss, ähnlich wie der Atmungsprozess. Wie wir beim Atmungsprozess frische Sauerstoffluft einatmen und unbrauchbare Kohlenstoffluft ausatmen, so ist ein ähnlicher Prozess vorhanden in allen unseren Sinneswahrnehmungen. Denken Sie einmal, Sie sehen etwas. Nehmen wir einen radikalen Fall. Nehmen wir an, Sie sehen eine Flamme an, Sie schauen auf eine Flamme hin. Da geschieht etwas, was sich vergleichen lässt, nur viel feiner ist es, mit dem Einatmen. Machen Sie dann das Auge zu – und Sie können ähnliche Dinge mit jedem der Sinne machen –, machen Sie dann das Auge zu, so haben Sie das Nachbild der Flamme, das sich sogar nach und nach verändert, wie *Goethe* sagt, abklingt. An diesem Prozess des Aufnehmens des Lichteindruckes und des nachherigen Abklingens ist im Wesentlichen außer dem, was rein physiologisch ist, der menschliche Ätherleib sehr beteiligt. Aber in diesem Prozess steckt etwas sehr, sehr Bedeutsames. Da drinnen ist nunmehr das Seelische, das vor drei Jahrtausenden mit der Luft ein- und ausgeatmet worden ist. Und wir müssen lernen, in einer ähnlichen Weise den Sinnesprozess in seiner Durchseelung einzusehen, wie man vor drei Jahrtausenden den Atmungsprozess eingesehen hat.

Das hängt zusammen damit, dass man sagen kann, der Mensch lebte vor drei Jahrtausenden in einer Art Nachtkultur. Jahve gab sich durch seine Propheten kund aus den Träumen der Nacht heraus. Wir aber müssen die Feinheiten unseres Verkehres mit der Welt ausbilden so, dass wir in unserem Aufnehmen der Welt nicht bloß sinnliche Wahrnehmungen haben, sondern Geistiges haben. Wir müssen uns gewiss werden, dass wir mit jedem Lichtstrahl, mit jedem Ton, mit jeder Wärmeempfindung und deren Abklingen in seelischen Wechselverkehr mit der Welt treten, und dieser seelische Wechselverkehr muss für uns etwas Bedeutsames werden. Aber wir können uns auch unterstützen, sodass es so mit uns werde.

Ich habe Ihnen ja dargestellt, dass das Mysterium von Golgatha hereingefallen ist in den vierten nachatlantischen Zeitraum, der etwa, wenn wir genau rechnen wollen, beginnt mit dem Jahre 747 vor Christus, und schließt mit dem Jahre 1413 nach Christus. In das erste Drittel dieses Zeitraumes fällt das Mysterium von Golgatha. Dasjenige aber, wodurch die Menschen zunächst dieses Mysterium von Golgatha begriffen haben, das waren noch die Nachklänge der alten Denkweise, der alten Kultur. Die Art des Begreifens des Mysteriums von Golgatha, die muss eine durchaus neue werden. Denn die alte Art, das Mysterium von Golgatha zu begreifen, ist abgebraucht. Sie ist nicht mehr gewachsen dem Mysterium von Golgatha. Und viele Versuche, die gemacht worden sind, das menschliche Denken fähig zu machen, das Mysterium von Golgatha zu begreifen, haben sich als nicht mehr geeignet erwiesen, heraufzureichen zu dem Mysterium von Golgatha.

Sehen Sie, alle die Dinge, die äußerlich materiell auftreten, sie haben auch ihre geistig-seelische Seite. Und alle die Dinge, die geistig-seelisch auftreten, sie haben auch ihre äußerlich materielle Seite. Dass die Luft der Erde entseelt worden ist, sodass der Mensch nicht mehr die ursprünglich beseelte Luft atmet, das hatte eine bedeutsame geistige Wirkung in der Entwicklung der Menschheit. Denn der Mensch hatte, indem er hereinbekam mit der Atmung die Seele, mit der er selber ursprünglich verwandt war, wie es am Beginne des Alten Testamentes steht: Und der Gott blies dem Menschen den Odem ein als lebendige Seele –, er hatte durch dieses Einatmen des Seelischen eine Möglichkeit: Er bekam ein Bewusstsein von der Präexistenz des Seelischen, von dem Bestehen der Seele, bevor sie heruntergestiegen ist in den physischen Leib durch die Geburt oder durch die Empfängnis. Und in demselben Maße, in dem der Atmungsprozess aufhörte beseelt zu sein, verlor der Mensch das Bewusstsein der Präexistenz des Seelischen. Und schon sogar als *Aristoteles* auftrat in diesem vierten nachatlantischen Zeitraum, da war keine Möglichkeit mehr vorhanden, mit menschlicher Fassungskraft die seelische Präexistenz zu durchschauen. Keine Möglichkeit war dafür mehr vorhanden.

Wir stehen eben historisch vor dem merkwürdigen Faktum, dass das größte Ereignis hereinbricht in die Erdenentwicklung, das Christus-Ereignis, dass aber die Menschheit erst heranreifen muss, um es zu verstehen. Sie ist noch fähig, mit den alten Resten des Fassungsvermögens, das aus der Urkultur herrührt, aufzufangen die Strahlen des Mysteriums von Golgatha. Dann aber verliert sich diese Fassungskraft, und die Dogmatik entfernt sich immer mehr und mehr vom Verständnis des Mysteriums von Golgatha. Die Kirche verbietet an die Präexistenz zu glauben nicht deshalb, weil die Präexistenz nicht mit dem Mysterium von Golgatha vereinbar wäre, sondern weil die menschliche Fassungskraft durch die Entseelung der Luft aufhörte, das Bewusstsein in die Seele als Kraft hereinzubekommen, das Bewusstsein von der Präexistenz. Aus all dem, was Kopfbewusstsein wurde, verschwindet die Präexistenz. Wenn wir das Beseeltsein unserer Sinnesempfindungen wieder haben werden, dann werden wir wiederum einen Kreuzungspunkt haben, und in diesem Punkt werden wir den menschlichen Willen, der heraufströmt aus der dritten Bewusstseinsschicht, wie ich es Ihnen in diesen Tagen charakterisiert habe, erfassen. Da werden wir zu gleicher Zeit etwas Subjektiv-Objektives haben, wonach Goethe so lechzte. Da werden wir wiederum die Möglichkeit haben, in feiner Art zuerst zu erfassen, wie merkwürdig eigentlich dieser Sinnesprozess des Menschen im Verhältnis zur Außenwelt ist. Das sind ja alles grobe Vorstellungen, als wenn die Außenwelt auf uns bloß wirkte und wir dann bloß reagierten darauf. All das Zeug, das da geredet wird, das sind ja bloß grobklotzige Vorstellungen. Die Wirklichkeit ist vielmehr diese, dass ein seelischer Prozess vor sich geht von außen nach innen, der erfasst wird durch den tief unterbewussten, inneren seelischen Prozess, sodass die Prozesse sich übergreifen. Von außen wirken die Weltgedanken in uns herein, von innen wirkt der Menschheitswille hinaus. Und es durchkreuzen sich Menschheitswillen und Weltengedanken in diesem Kreuzungspunkte, wie sich im Atem das Objektive mit dem Subjektiven einstmals überkreuzt hat. Wir müssen fühlen lernen, wie durch unsere Augen unser Wille wirkt, und wie in der Tat die Aktivität der Sinne leise sich hineinmischt in die Passivität, wodurch sich Weltengedanken mit Menschheitswille kreuzen. Diesen neuen Yogawillen, den müssen wir entwickeln. Damit wird uns wiederum etwas Ähnliches vermittelt, wie vor drei Jahrtausenden den Menschen in dem Atmungsprozess vermittelt wurde. Unsere Auffassung muss eine viel seelischere, eine viel geistigere werden.

Nach solchen Dingen strebte die Goethe'sche Weltanschauung. Goethe wollte das reine Phänomen erkennen, was er das Urphänomen nannte, wo er nur zusammenstellte dasjenige, was in der Außenwelt auf den Menschen wirkt, wo sich nicht hineinmischt der luziferische Gedanke, der aus dem Kopf des Menschen selbst kommt. Dieser Gedanke sollte nur zur Zusammenstellung der Phänomene dienen. Goethe strebte nicht nach dem Naturgesetz, sondern nach dem Urphänomen. Das ist das Bedeutsame bei ihm. Kommen wir aber zu diesem reinen Phänomen, zu diesem Urphänomen, dann haben wir in der Außenwelt etwas, was uns möglich macht, auch die Entfaltung unseres Willens im Anschauen der Außenwelt zu verspüren, und dann werden wir uns aufschwingen wiederum zu etwas Objektiv-Subjektivem, wie es zum Beispiel die alte hebräische Lehre noch hatte. Wir müssen lernen, nicht immer nur von dem Gegensatz zu sprechen zwischen dem Materiellen und dem Geistigen, sondern wir müssen das Ineinanderspiel des Materiellen und des Geistigen in einer Einheit gerade im sinnlichen Auffassen erkennen. Geradeso wie das, was vor drei Jahrtausenden die Jahve-Kultur war, so wird für uns dasjenige sein, was eintritt, wenn wir die Natur nicht mehr materiell sehen, und auch nicht wie etwa *Gustav Theodor Fechner* in die Natur etwas Seelisches hineinfantasieren. Wenn wir in der Natur das Seelische mit empfangen lernen mit der Sinnesanschauung, dann werden wir das Christus-Verhältnis zu der äußeren Natur haben. Da wird das Christus-Verhältnis zur äußeren Natur etwas sein wie eine Art geistigen Atmungsprozesses.

Wir können uns dadurch unterstützen, dass wir immer mehr einsehen, aber jetzt einsehen durch den gesunden Menschenverstand: Ja, Präexistenz ist etwas, was unserem Seelendasein zugrunde liegt. Und wir müssen die rein egoistische Vorstellung von der Postexistenz, die eine rein egoistische ist, die nur aus unserem Bedürfnis, nach dem Tode da zu sein, entspringt, wir müssen diese egoistische Postexistenzvorstellung ergänzen durch das Wissen von der Präexistenz des Seelischen. Wir müssen uns auf eine andere Art wiederum aufschwingen zu der Anschauung der wirklichen Ewigkeit der Seele. Das ist dasjenige, was man die Michael-Kultur nennen kann. Wenn wir durch die Welt schreiten in dem Bewusstsein, mit jedem Blick, mit jedem Ton, den wir hören, strömt Geistiges, Seelisches wenigstens in uns ein, und zu gleicher Zeit strömen wir in die Welt Seelisches hinaus, dann, dann haben wir das Bewusstsein errungen, das die Menschheit für die Zukunft braucht.

Ich komme noch einmal auf das Bild zurück. Sie sehen eine Flamme. Sie schließen die Augen, haben das Nachbild, das abklingt. Ist das bloß ein subjektiver Prozess? Der heutige Physiologe sagt so. Es ist nicht wahr. In dem Weltenäther bedeutet das einen objektiven Prozess, wie in der Luft die Anwesenheit der Kohlensäure, die Sie ausatmen, einen objektiven Prozess bedeutet. Sie prägen dem Weltenäther ein das Bild, das Sie nur wie ein abklingendes Nachbild empfinden. Das ist nicht bloß subjektiv, das ist ein objektiver Vorgang. Hier haben Sie das Objektive. Hier haben Sie die Möglichkeit, zu erkennen, wie etwas, was sich in Ihnen abspielt, in feiner Art zu gleicher Zeit ein Weltenvorgang ist, wenn Sie sich nur bewusst werden: Sehe ich eine Flamme an, mache die Augen zu, lasse sie abklingen – es klingt ja auch ab, wenn Sie die Augen offen lassen, nur bemerken Sie es dann nicht –, dann ist das etwas, was nicht bloß in mir vorgeht, das ist etwas, was in der Welt vorgeht. Das ist aber nicht bloß bei der Flamme so. Trete ich einem Menschen gegenüber und sage: Dieser Mensch hat das oder jenes gesagt, was wahr oder nicht wahr sein kann –, so ist das eine Beurteilung, eine moralische oder eine intellektuelle Handlung im Inneren. Das klingt ebenso ab wie die Flamme. Das ist ein objektiver Weltenvorgang. Wenn Sie über Ihren Nebenmenschen Gutes denken: es klingt ab, ist im Weltenäther als ein objektiver Vorgang; wenn Sie Böses denken: es klingt ab als ein objektiver Vorgang. Sie können nicht etwa in Ihrem Kämmerchen abschließen dasjenige, was Sie über die Welt wahrnehmen oder urteilen. Sie machen es zwar scheinbar für Ihre Auffassung in sich, aber es ist zu gleicher Zeit ein objektiver Weltenvorgang. Wie sich das dritte Zeitalter bewusst war, dass der Atmungsprozess zu gleicher Zeit etwas ist, was im Menschen vorgeht und was ein objektiver Prozess ist, so muss die Menschheit sich in der Zukunft bewusst werden, dass das Seelische, von dem ich gesprochen habe, zu gleicher Zeit ein objektiver Weltenvorgang ist.

Diese Wandlung des Bewusstseins, das ist etwas, was fordert, dass größere Stärke in der menschlichen Seelenstimmung Platz greife, als sie heute der Mensch gewöhnt ist. Das ist das Einlassen der Michael-Kultur: das Sich-Durchdringen mit diesem Bewusstsein. Wir müssen gewissermaßen, wenn wir das Licht als den allgemeinen Repräsentanten der Sinneswahrnehmung hinstellen, uns dazu aufschwingen, das Licht beseelt zu denken, so wie es selbstverständlich war für den Menschen des zweiten, des dritten vorchristlichen Jahrtausends, die Luft beseelt zu denken, weil sie das auch war. Wir müssen uns gründlich abgewöhnen, dasjenige in dem Lichte zu sehen, was das materialistische Zeitalter gewöhnt ist, in dem Lichte zu sehen. Wir müssen uns gründlich abgewöhnen zu glauben, dass von der Sonne ausstrahlen bloß jene Schwingungen, von denen uns unsere Physik und das allgemeine Menschheitsbewusstsein heute redet. Wir müssen uns klar werden darüber, dass da Seele durch den Weltenraum dringt auf den Schwingen des Lichtes. Und zu gleicher Zeit müssen wir einsehen, dass das so nicht war in der Zeit, die unserem Zeitalter vorangegangen ist. In der Zeit, die unserem Zeitalter vorangegangen ist, ist dasselbe an die Menschheit durch die Luft herangekommen, was jetzt an uns herankommt durch das Licht. Sehen Sie, das ist ein objektiver Unterschied in dem Erdenprozess. Und wenn wir im Großen denken, so können wir sagen: Luftseelenprozess, Lichtseelenprozess. (Es wird an die Tafel geschrieben:)

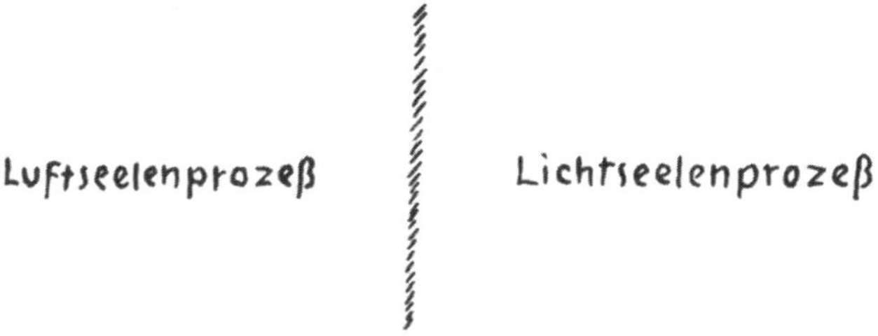

Und das ist etwa dasjenige, was wir in der Entwicklung der Erde beobachten können. Und mitten hinein fällt, den Übergang des einen in das andere bedeutend, das Mysterium von Golgatha. Es genügt nicht für die Gegenwart und für die Zukunft der Menschheit, dass man in Abstraktionen von dem Geistigen fabelt, dass man in irgendeinen nebulosen Pantheismus oder dergleichen verfällt, sondern es handelt sich darum, dass man dasjenige, was die heutige Menschheit eigentlich nur empfindet wie einen materiellen Prozess, dass man das anfängt auch in seiner Beseeltheit zu erkennen.

Es handelt sich darum, dass man anfangen lerne zu sprechen: Es gab eine Zeit vor dem Mysterium von Golgatha, da hatte die Erde eine Atmosphäre. In dieser Atmosphäre war die Seele, die zum Seelischen des Menschen gehörte. Jetzt hat die Erde eine Atmosphäre, die ist entleert des Seelischen, das zum Seelischen des Menschen gehört. Dafür ist in das Licht, das uns vom Morgen bis zum Abend umfasst, eingezogen dasselbe Seelische, das vorher in der Luft war. Dass der Christus sich mit der Erde verbunden hat, das gab die Möglichkeit dazu. Sodass Luft und Licht auch geistig-seelisch etwas anderes geworden sind im Laufe der Erdenentwicklung.

(30. November 1919)

III DIE SEELE LEBT IN DEN SINNEN

Der Mensch nimmt durch seine Sinne die Dinge der Welt wahr, aber er nimmt nicht mit dem gewöhnlichen Bewusstsein wahr, was sich innerhalb seiner Sinne selber abspielt. Würde er das im gewöhnlichen Leben tun, so würde er nicht die äußere Welt wahrnehmen können. Die Sinne müssen sozusagen sich selbst verleugnen, wenn sie zur Kenntnis des Menschen bringen wollen, was außerhalb der Sinne in der uns zunächst auf der Erde umgebenden Welt liegt. Redeten gewissermaßen unsere Ohren, redeten unsere Augen, würden wir also die Vorgänge, die sich in unseren Ohren, in unseren Augen abspielen, wahrnehmen, dann würden wir nicht hören können, was äußerlich hörbar ist, wir würden nicht sehen können, was äußerlich sichtbar ist. Aber gerade dadurch lernt der Mensch die Welt um sich her kennen, insofern er zunächst ein Erdenwesen ist, er lernt aber nicht sich selbst kennen. Sich selbst kennenlernen setzt voraus, dass man während dieses Vorganges der Selbsterkenntnis die Erkenntnis der Außenwelt zum Stillstand bringen kann, dass man also von der Außenwelt nichts erfährt.

Es war von jeher das Bestreben innerhalb der geisteswissenschaftlichen Forschung, solche Methoden ausfindig zu machen, durch die der Mensch sich wirklich selbst erkennen kann, und Sie wissen aus den verschiedensten Vorträgen, die ich gehalten habe, dass ich mit dieser Selbsterkenntnis nicht jenes allgemeine Hineinbrüten in das alltägliche Selbst meine, denn dadurch erfährt man doch von nichts anderem als von einer Art Reflexbild der äußeren Welt. Man lernt gewissermaßen nichts Neues kennen. Man lernt nur wie im Spiegel kennen, was man mit der sinnlichen Außenwelt erlebt hat. Wirkliche Selbsterkenntnis muss, wie Sie wissen, nach Methoden sinnen, welche nicht nur die gewöhnliche irdische Außenwelt zum Schweigen bringen, sondern welche auch das gewöhnliche alltägliche seelische Innere – das auch nichts anderes ist, insofern es im wirklichen Bewusstsein vorhanden ist, als ein Spiegelbild der Außenwelt – zum Schweigen bringen. Und durch diejenigen Methoden, die Sie geschildert finden in meiner Schrift «Wie erlangt man Erkenntnisse der höheren Welten?», wissen Sie, dass die Geistesforschung zunächst zur sogenannten imaginativen Erkenntnis vorschreitet. Wer zu solcher imaginativen Erkenntnis vorschreitet, hat allerdings zunächst alles das aus der übersinnlichen Welt vor sich, was sich in die Bilder der imaginativen Erkenntnis kleiden kann. Aber wenn er sich die seelische Praxis erworben hat, um überhaupt imaginativ die Welt anschauen zu können, dann ist er in der Lage, gerade dasjenige zu verfolgen, was in den menschlichen Sinnesorganen sich abspielt. Man würde das, was sich in den Sinnesorganen abspielt, nicht verfolgen können, wenn überhaupt nur dann etwas in den Sinnesorganen vorginge, wenn man durch sie die Außenwelt wahrnimmt.

Sehe ich einen Gegenstand der Außenwelt, so schweigt mein Auge. Höre ich irgendeinen Tonzusammenhang der Außenwelt, so schweigt mein Ohr; das heißt, es wird durch das Ohr nicht der Vorgang im Innern des Ohres wahrgenommen, sondern es wird das wahrgenommen, was von der Außenwelt sich in das

Ohr hinein fortsetzt. Aber wenn zum Beispiel das Ohr nur eine Tätigkeit mit Bezug auf die Außenwelt ausführen würde, solange diese äußere Wahrnehmung da ist, so würden wir niemals dazu kommen, den Vorgang, der sich unabhängig von der Außenwelt im Ohr selbst abspielt, beobachten zu können. Sie alle wissen aber, dass ein Sinneseindruck in den Sinnen nachwirkt, abgesehen davon, dass die Sinne auch immer mittun, wenn wir auch nur mit dem gewöhnlichen Bewusstsein lebhaft denken.

Es kann schon so sein, dass wir gewissermaßen von der ganzen äußeren Welt abstrahieren, insofern sie eine Farbenwelt, eine Tonwelt, eine Geruchswelt und so weiter ist, und dennoch demjenigen uns hingeben, was in unseren Sinnesorganen selbst, beziehungsweise durch sie vorgeht. Wenn wir dazu kommen, dann kommen wir zu wirklicher Menschenerkenntnis, und zwar zu der ersten Stufe der Menschenerkenntnis. Sagen wir zum Beispiel nur – wir wollen das Einfachste ins Auge fassen –, wir wollen uns klar darüber werden, wie im Auge ein Eindruck, den die Außenwelt auf es ausübt, abklingt. Wer nun die Gabe der imaginativen Erkenntnis sich erworben hat, verfolgt dann, indem er nichts außen sieht, dieses Abklingen des Sinneseindruckes, das heißt ein Geschehen, einen Vorgang, der das Sinnesorgan als solches in Anspruch nimmt, ohne dass das Sinnesorgan in diesem Augenblicke mit der Außenwelt in Korrespondenz ist. Oder es verfolgt jemand, der, in lebendiger Art denkend, sich das Gesehene vergegenwärtigen kann, das Mitspielen des Sehorganes bei solchem lebhaften

Denken an Farben und dergleichen. So kann man das für alle Sinne machen. Dann wird man in der Tat gewahr, dass dasjenige, was in den Sinnen der Menschen selber vorgeht, nur Gegenstand einer imaginativen Erkenntnis sein kann.

Sogleich gewissermaßen zaubert sich vor unsere Seele hin eine Welt von Imaginationen, wenn wir nicht in der Außenwelt, wenn wir in den Sinnen leben. Und da merken wir, wie in der Tat unsere Sinne selber einer andern Welt angehören als der, welche wir durch sie innerhalb unseres Erdendaseins wahrnehmen. Niemand, der wirklich durch imaginative Erkenntnis in der Lage ist, seine eigene Sinnestätigkeit zu beobachten, kann jemals einen Zweifel darüber fassen, dass der Mensch schon als ein Sinneswesen der übersinnlichen Welt angehört. Die Welt, die man da kennenlernt, indem man in dieser Weise sozusagen sich zurückzieht von der äußeren Welt und in seinen eigenen Sinnen lebt, ist jene, die ich auch in meiner «Geheimwissenschaft im Umriss» als die Welt der Angeloi beschrieben habe, die Welt derjenigen Wesen, die eine Stufe über dem Menschen stehen.

Was geschieht denn eigentlich in unseren Sinnen? Wir können es durchschauen, wenn wir in dieser Weise das Innere der Sinne beobachten, während wir nicht wahrnehmen. Geradeso wie wir eine Erinnerung haben können von dem, was wir vor Jahren erlebt haben, trotzdem es jetzt gegenwärtig nicht da ist, können wir, wenn wir die Sinne beobachten können, ohne dass sie wahrnehmen, auch in dem, was wir da beobachten, eine Erkenntnis gewinnen. Es ist nicht Erinnerung zu nennen, weil das einen sehr ungenauen Begriff gäbe, aber wir können dennoch in dem, was wir da wahrnehmen, auch das mitwahrnehmen, was wir durch die Außenwelt in den Sinnen als Vorgänge haben, wenn wir der ganzen farbigen und tönenden und riechenden und schmeckenden, tastbaren Welt und so weiter gegenüberstehen.

Wir können auf diese Weise in etwas eindringen, was sonst dem Menschen immer unbewusst bleibt: die Tätigkeit seiner eigenen Sinne, während seine Tätigkeit ihm die Außenwelt vermittelt. Und da werden wir gewahr, dass der Atmungsprozess, das Einatmen der Luft, das Verteilen der Luft im menschlichen Organismus, das Wiederausatmen, in einer außerordentlichen Art durch den ganzen Organismus wirkt. Wenn wir einatmen, geht zum Beispiel die eingeatmete Luft bis in die feinsten Verzweigungen der Sinne. Und in diesen feinsten Verzweigungen der Sinne begegnet sich der Atmungsrhythmus mit dem, was wir in der Geisteswissenschaft den astralischen Leib des Menschen nennen. Das, was in den Sinnen vorgeht, beruht darauf, dass der astralische Leib des Menschen den Atmungsrhythmus spürt. Hören Sie also einen Ton, so geschieht das, weil in Ihrem Gehörorgan der astralische Leib mit der schwingenden Luft in eine Berührung kommen kann. Das kann er nicht zum Beispiel in irgendeinem andern Organ des menschlichen Organismus, das kann er nur in den Sinnen. Die Sinne sind überhaupt im Menschen da, damit sich der astralische Leib mit demjenigen begegnen kann, was durch den Atmungsrhythmus in dem menschlichen Leibe entsteht. Und das geschieht nicht etwa nur im Gehörorgan, das geschieht in jedem Sinnesorgan. In jedem, auch in dem über den ganzen Organismus ausgebreiteten Tast- oder Gefühlssinn ist es so, dass sich der astralische Leib mit dem Atmungsrhythmus begegnet, also mit den Taten der Luft in unserem Organismus.

Gerade wenn man so etwas betrachtet, merkt man ganz besonders, wie sehr man nötig hat, zur Betrachtung des ganzen Menschen ins Auge zu fassen, dass der Mensch nicht nur ein Gebilde im festen Aggregatzustande ist, er ist zu fast neunzig Prozent eine Wassersäule, und er hat fortwährend den Wechsel der Luft in seinen inneren Vorgängen, er ist also auch ein Luftorganismus. Und dieser Luftorganismus, der ein Webend-Lebendes darstellt, begegnet sich in dem Sinnesorgan mit dem astralischen Leib des Menschen. Das geschieht allerdings in den Sinnesorganen in der mannigfaltigsten Weise, aber im Allgemeinen kann man sagen, dass diese Begegnung das Wesentliche des Sinnesvorganges ist. Das kann man äußerlich nicht betrachten, wie sich ein Astralisches mit der Luft begegnet, ohne dass man in die imaginative Welt eintritt. Allerdings, wenn man zur imaginativen Erkenntnis kommt, sieht man auch anderes in der irdischen Umgebung, das sich so abspielt, dass ein Astralisches nur mit der Luft in Begegnung kommt. Aber in uns als Menschen ist das ein Wesentliches, dass das Astralische sich mit den Atmungsvorgängen begegnet, und zwar substanziell mit dem, was durch den Atmungsvorgang durch den menschlichen Organismus geschickt wird.

Da lernen wir also das Weben und Wesen derjenigen Wesenheiten kennen, welche der Hierarchie der Angeloi angehören, sodass wir als Menschen es uns nur so vorstellen dürfen, dass in dem unbewussten Vorgang, der sich im sinnlichen Wahrnehmen abspielt, diese Welt übersinnlicher Wesen webt und lebt, gewissermaßen durch die Tore unserer Sinne aus- und eingeht. Hören wir, oder sehen wir, so ist das ein Prozess, der sich nicht nur durch unsere Willkür abspielt, sondern der auch der objektiven Welt angehört, der vorgeht in einer Welt, in der wir zunächst als Menschen nicht einmal darinnen sind, durch die wir aber eigentlich Menschen, und zwar schon sinnenbegabte Menschen sind.

Wenn unser astralischer Leib zwischen dem Aufwachen und Einschlafen innerhalb der Gebiete unserer Sinne mit der zum Atmungsrhythmus gewordenen und natürlich veränderten Luft in Beziehung tritt, so lernen wir, ich möchte sagen, die äußerste Peripherie des Menschen kennen. Aber wir können zu noch Weiterem aufsteigen. Wir können noch mehr vom Menschen kennenlernen. Das geschieht auf folgende Weise. Es ergibt sich das in jener Stufe der übersinnlichen Erkenntnis, die ich in den angedeuteten Schriften als die inspirierte Erkenntnis bezeichnet habe.

Da muss man ins Auge fassen, wie der Mensch dem Wechselzustande unterliegt zwischen Wachen und Schlafen. Dieser Zustand als solcher ist gar nicht so ferne der sinnlichen Wahrnehmung. Auch unsere sinnliche Wahrnehmung unterliegt einem Wechsel. Wir würden zwar Wahrnehmungen haben, allein die hätten für unser Bewusstsein nicht die richtige Bedeutung, wenn wir nicht fortwährend das Wahrnehmen unterbrechen könnten. Sie wissen auch aus reinen Äußerlichkeiten, dass das lange Sich-Hingeben an einen Sinneseindruck das Bewusstsein von diesem Sinneseindruck beeinträchtigt. Wir müssen gewissermaßen von einem einzelnen Sinneseindruck den Sinn immer wieder abheben, müssen also zwischen dem Eindruck und einem Zustand wechseln, wo wir den Eindruck nicht haben. Und dass unser Bewusstsein in Ordnung ist in Bezug auf die Sinneseindrücke, beruht darauf, dass wir immer diese Sinne auch zurückziehen können von ihren Eindrücken, dass wir eigentlich fortwährend in kurzen Wechselzuständen das sinnliche Wahrnehmen ausüben. Das üben wir für längere Strecken unseres Erlebens aus, indem wir im Verlauf von vierundzwanzig Stunden immer wechseln zwischen Wachen und Schlafen.

Sie wissen, indem wir in den Schlafzustand übergehen, tritt unser astralischer Leib mit unserem Ich aus unserem physischen Leib und Ätherleib heraus. Und dieser astralische Leib also tritt zwischen dem Einschlafen und Aufwachen zu der äußeren Welt in Beziehung, während er zwischen dem Aufwachen und Einschlafen nur mit dem in Beziehung war, was innerhalb des menschlichen Leibes vor sich geht. Fassen Sie diese zwei Zustände oder diese zwei Geschehnisse einmal ins Auge: der astralische Leib zwischen dem Aufwachen und Einschlafen in Beziehung zu dem, was innerhalb des menschlichen physischen und ätherischen Leibes vor sich geht, und der astralische Leib zwischen dem Einschlafen und Aufwachen in Beziehung zu dem, was die äußere Welt ist, nicht mehr in Beziehung zu dem, was physischer und ätherischer Leib des Menschen selbst ist.

Die Sinnesgebiete in uns – ich möchte mich des paradoxen Ausdruckes bedienen, Sie werden schon verstehen, was ich meine – sind schon fast eine Außenwelt. Betrachten Sie einmal das menschliche Auge zum Beispiel: Es ist wie eine unabhängige Wesenheit – das ist alles nur vergleichsweise, selbstverständlich –, aber es ist wirklich wie eine unabhängige Wesenheit da hineingelegt in eine Höhle des Schädels, setzt sich dann weiter nach innen mit verhältnismäßiger Selbstständigkeit fort. Aber wenn Sie das Auge selbst betrachten: Es ist zwar durchlebt, aber es ist merkwürdig ähnlich einem physikalischen Apparat. Wir können so merkwürdig ähnlich im Auge die Vorgänge charakterisieren, wie wir sie auch in einem physikalischen Apparat charakterisieren. Die Seele umfasst gewiss die Vorgänge, die auf diese Weise entstehen, aber man kann schon sagen, dass die Sinnesorgane das sind, was ich öfter als Bezeichnung dafür gewählt habe: dass die Sinnesorgane oder die Sinnesgebiete wie Golfe sind, welche die Außenwelt in unser eigenes menschliches Innere hineinsendet. Es setzt sich gewissermaßen die Außenwelt in uns hinein fort in den Sinnen, und wir Menschen nehmen in unserem Sinnesgebiete an der Außenwelt viel mehr teil als in den andern Gebieten unseres Organismus.

Wenn man irgendein Organ, sagen wir die Niere oder ein anderes inneres Organ des menschlichen Organismus, ins Auge fasst, kann man nicht sagen, dass man da an irgendetwas Äußerem teilnimmt, indem man die Vorgänge des Organs in sich erlebt. Aber indem wir dasjenige erleben, was sich in den Sinnen abspielt, erleben wir die Außenwelt mit. Ich bitte, da ganz abzusehen von Ihnen etwa bekannten Dingen aus der Sinnesphysiologie und so weiter. Die meine ich jetzt gar nicht, sondern ich meine den durchaus dem gewöhnlichen Menschenverstand zugänglichen Tatbestand, dass wirklich der Vorgang, der sich im Sinnesgebiet abspielt, eher aufgefasst werden kann wie etwas, das sich von außen in uns hineinerstreckt und was wir mitmachen, als etwas, das wir innerlich durch unsere Organisation bewirken.

Deshalb ist es auch, dass in den Sinnen unser astralischer Leib nahezu in der Außenwelt ist. Insbesondere, wenn wir vollwillentlich an die Außenwelt sinnlich wahrnehmend hingegeben sind, ist unser astralischer Leib tatsächlich fast in die Außenwelt eingesenkt, nicht für alle Sinne gleich, aber er ist fast in die Außenwelt eingesenkt. Ganz eingesenkt ist er, wenn wir schlafen, sodass der Schlaf gewissermaßen von diesem Gesichtspunkte aus eine Art Steigerung ist des sinnlichen Hingegeben-Seins an die Außenwelt. Wenn Sie Ihre Augen zuhaben, dann zieht sich auch Ihr astralischer Leib mehr in das Innere des Kopfes zurück, er gehört mehr Ihnen selbst an. Wenn Sie ordentlich nach außen gucken, dann zieht sich der astralische Leib in das Auge hinein und nimmt an der Außenwelt teil. Geht er ganz heraus aus Ihrem Organismus, so schlafen Sie. Sinnliches Hingegeben-Sein an die Außenwelt ist nämlich nicht das, was man gewöhnlich meint, sondern es ist eigentlich eine

Etappe auf dem Wege zum Einschlafen in Bezug auf die Charakteristik des Bewusstseins.

So nimmt man als Mensch beim sinnlichen Wahrnehmen fast an der Außenwelt teil, beim Schlafen nimmt man ganz an der Außenwelt teil. Dann kann man dasjenige, was da vorgeht in der Welt, in der man nun drinnen ist mit seinem astralischen Leibe zwischen dem Einschlafen und Aufwachen, mit inspirierter Erkenntnis wahrnehmen. Aber man kann mit dieser inspirierten Erkenntnis dann auch noch etwas anderes wahrnehmen, nämlich den Moment des Aufwachens, das Wiederum-Zurückgehen. Es wird gewissermaßen der Moment des Aufwachens etwas, das nur intensiver, stärker ist, aber sich doch mit dem Augenschließen vergleichen lässt.

Wenn ich einer Farbe gegenüberstehe, gebe ich meinen astralischen Leib an dasjenige im Auge hin, was nahezu, sagte ich, außen ist, nämlich an den Prozess, der dadurch hervorgerufen wird, dass eine Farbe von der Außenwelt aus auf mein Auge einen Eindruck macht. Schließe ich das Auge, so ziehe ich meinen astralischen Leib in mich selber zurück. Wache ich auf, so ziehe ich meinen astralischen Leib aus der Außenwelt, aus dem ganzen Kosmos zurück. Ich mache nämlich oftmals, unendlich oft während des Tagwachens, zum Beispiel in Bezug auf die Augen, in Bezug auf die Ohren, dasselbe mit meinem astralischen Leib, was ich – nur in Totalität, in Bezug auf den ganzen Organismus – beim Aufwachen mache. Ich nehme meinen ganzen astralischen Leib zurück beim Aufwachen. Dieses Zurücknehmen des astralischen Leibes beim Aufwachen bleibt natürlich auch für das gewöhnliche Bewusstsein unbewusst, so wie der sinnliche Vorgang selber unbewusst bleibt. Aber wenn für denjenigen, der mit inspirierter Erkenntnis begabt ist, dieser Moment des Aufwachens bewusst wird, dann zeigt es sich schon, dass dieses Hereinkommen des astralischen Leibes einer ganz andern Welt angehört als der, in der wir sonst sind, und vor allen Dingen ist es sehr häufig stark wahrzunehmen, wie schwer es der astralische Leib hat, wiederum in den physischen und Ätherleib zurückzukommen. Da sind Hemmnisse vorhanden.

Man kann sagen, dass derjenige, der beginnt, diesen Vorgang des Zurückkehrens des astralischen Leibes in den physischen Leib und in den Ätherleib wahrzunehmen, geistige Gewitter erlebt mit allerlei Gegenschlägen, geistige Gewitter mit solchen Gegenschlägen, die zeigen, dass der astralische Leib untertaucht in den physischen und in den Ätherleib, dass aber jetzt der physische und der Ätherleib bei diesem Untertauchen nicht so ausschauen, wie der Anatom und der Physiologe sie beschreiben, sondern dass sie etwas sind, was auch einer geistigen Welt angehört. Was sonst der unschuldige physische Leib ist, oder was vermutet wird als der etwas nebulose unschuldige Ätherleib, das stellt sich dar als in einer geistigen Welt wurzelnd. In seiner Wahrheit stellt sich der physische Leib als etwas ganz anderes dar, als was er äußerlich in einem sinnlichen Abbilde für das Auge oder für die gewöhnliche Wissenschaft erscheint.

In tausendfachen Mannigfaltigkeiten kann dieses Untertauchen des astralischen Leibes in den physischen und in den Ätherleib erscheinen, wie etwa, wenn ein brennendes Holzstück untertaucht mit Gebrause in Wässeriges. Das ist noch die einfachste, die abstrakteste Art, die demjenigen, der eben anfängt, so etwas zu erkennen, zunächst erscheinen kann. Dann aber konkretisiert sich der Vorgang innerlich sehr mannigfaltig, durchgeistigt sich aber nachher damit, dass dasjenige, was vorerst nur, ich möchte sagen, sich in seiner Erscheinung mit brausendem Gewitter, mit aufsteigenden Stürmen vergleichen lässt, dass das sich mit harmonischen Bewegungsvorgängen durchdringt, die aber in allen ihren Teilen zu gleicher Zeit etwas sind, von dem man sagen muss: Es spricht, es sagt etwas, es kündet etwas an.

Zunächst allerdings kleidet sich das, was sich da ankündigt, in Reminiszenzen aus dem gewöhnlichen Leben. Aber das formt sich im Laufe der Zeit um, und man erfährt nach und nach eben vieles von einer Welt, die auch um uns ist, und in der man Dinge erlebt, von denen man nicht sagen kann, dass sie Reminiszenzen sind aus dem gewöhnlichen Wahrnehmen, weil sie ganz und gar anderer Natur sind, weil man wirklich bei diesem Erleben weiß, dass man es mit einer andern Welt zu tun hat. Da merkt man, dass der Mensch, indem er mit seinem astralischen Leib aus seiner Umgebung in seinen physischen und Ätherleib hereinkommt, das jetzt auf dem Wege des Voll-Atmungsprozesses tut. Der astralische Leib, der in den Sinnen tätig ist, berührt die feinen Verzweigungen des Atmungsvorganges, greift gewissermaßen in die feinen Rhythmen ein, in denen sich der Atmungsvorgang in die Sinnesgebiete fortsetzt. Der beim Aufwachen aus der Außenwelt in den physischen und Ätherleib hereinziehende Astralleib ergreift den ganzen Atmungsprozess, der sich zwischen dem Einschlafen und Aufwachen selbst überlassen ist. Auf den Bahnen der Atmungsprozesse, der Atmungsbewegungen, kommt der astralische Leib hinein in den physischen und Ätherleib, breitet sich aus, wie sich der Atem selber ausbreitet.

Das gewöhnliche Bewusstsein stößt, möchte ich sagen, rasch beim Aufwachen hinein in die Wahrnehmung der äußeren Welt, verbindet schnell das Erleben des Atmungsprozesses mit dem gesamtorganischen Erleben. Das inspirierte Bewusstsein kann dieses Fortlaufen des astralischen Leibes auf den Bahnen des Atmungsrhythmus trennen und den übrigen organischen Prozess gesondert wahrnehmen. Er verläuft natürlich nicht gesondert. Nicht nur in diesem Augenblicke, sondern in jedem Augenblicke steht natürlich im menschlichen Organismus die Atmungsbewegung in innigem Zusammenhang mit den übrigen Vorgängen im Organismus. Aber in der Erkenntnis, in der inspirierten Erkenntnis kann das abgetrennt werden. Man verfolgt, wie der astralische Leib auf den Wegen des Atmungsrhythmus in den physischen Leib hereinkommt, und lernt da etwas kennen, was sonst völlig unbewusst bleibt. Nachdem man alle die Zustände durchgemacht hat, welche objektive – nicht subjektive – Gefühlszustände sind, die dieses Hereinkommen begleiten, weiß man, dass, indem der Mensch nun nicht bloß ein Sinnenwesen, sondern ein Atmungswesen ist, er in derjenigen Welt wurzelt, welche ich in meiner «Geheimwissenschaft» die Welt der Archangeloi genannt habe. Geradeso wie die eine

Stufe über den Menschen stehenden Wesenheiten der übersinnlichen Welt in seinem Sinnesprozess tätig sind, sind tätig in seinem Atmungsprozesse die zwei Stufen über den Menschen stehenden geistigen Wesenheiten. Sie gehen gewissermaßen ein und aus mit unserem Einschlafen und Aufwachen.

Nun stellt sich uns, wenn wir diese Vorgänge betrachten, etwas sehr Bedeutsames für das menschliche Leben vor unsere Seele. Wenn wir ein Leben hätten, das nicht vom Schlafe unterbrochen wäre, so würden wir Eindrücke der Außenwelt empfangen, aber diese Eindrücke würden nur kurz vorhalten. Ein bleibendes Erinnerungsvermögen könnten wir nicht entwickeln. Sie wissen, wie flüchtig die Bilder in den Sinnen als Nachbilder wirken. Allerdings, was tiefer im Organismus angeregt wird, wirkt länger. Aber es wirkte doch nicht länger als einige Tage nach, wenn wir nicht schlafen würden.

Was geht denn eigentlich im Schlafe vor? Da muss ich Sie erinnern an eine Auseinandersetzung, die ich vor Kurzem hier gegeben habe, und in der ich Ihnen geschildert habe, wie der Mensch tatsächlich zwischen dem Einschlafen und Aufwachen mit seinem astralischen Leibe und seinem Ich eigentlich immer rückwärts durchlebt, was er in der vorhergehenden Wachperiode in der physischen Welt erlebt hat. Nehmen wir ein regelmäßiges Wachen und regelmäßiges Schlafen an – es ist allerdings auch für das unregelmäßige ganz ähnlich –, nehmen wir also an, wir wachen an einem Morgen auf, beschäftigen uns während des Tages, gehen abends zur Ruhe und schlafen die Nacht hindurch ungefähr ein

Drittel der Zeit, die wir wachen. Ein solcher Mensch erlebt also zwischen dem Aufwachen und Einschlafen eine Reihe von Erlebnissen, eben seine Tageserlebnisse. Er erlebt während des Schlafzustandes wirklich in rückwärtiger Bewegung dasjenige, was während des Tages erlebt worden ist. Und zwar geht das Schlafleben mit einer größeren Schnelligkeit zurück, sodass Sie nur ein Drittel der Zeit dazu brauchen.

Nun aber, was ist denn da eigentlich geschehen? Wenn die Sache so wäre, dass Sie nach den Gesetzen der physischen Welt schliefen – ich meine jetzt nicht, dass der Körper nach den Gesetzen der äußeren physischen Welt schläft, das tut er selbstverständlich, aber wenn Sie in den Zuständen außerhalb des physischen und des Ätherleibes, wenn Sie also in Ihrem Ich und in Ihrem astralischen Leib nach denselben Gesetzen schlafen würden, nach denen Sie bei Tag wachen –, dann würden Sie diese Bewegung nicht ausführen können, denn Sie müssten einfach mit der Zeit weitergehen. Es sind durchaus andere Gesetze, denen wir da unterliegen, wenn wir in unserem astralischen Leib und in unserem Ich außerhalb des physischen und des Ätherleibes sind.

Und äußerlich angesehen, wie ist denn da die Sache eigentlich? Nun, bedenken Sie, heute ist also der 22. Dezember, heute Morgen beim Aufwachen waren Sie am Morgen des 22. Dezember. Nun gehen Sie nachher schlafen, dann werden Sie, wenn Sie morgen aufwachen, mit Ihrem Rückwärtserleben bei heute Morgen dem 22. Dezember sein. Sie haben also innerlich einen

Prozess durchgemacht, durch den Sie sich zurückgedreht haben. Indem Sie am Morgen des 23. Dezember aufwachen, sind Sie mit diesem Prozess am Morgen des 22. Dezember angekommen. Sie wachen auf. In demselben Momente sind Sie genötigt, indem Ihr astralischer Leib jetzt, entgegen den Gesetzen, die er zwischen Ihrem Einschlafen und Aufwachen eingehalten hat, den Ruck durch Ihren Leib in die gewöhnliche physische Welt macht, in Ihrem innersten Seelenwesen mit Ihrem Ich und mit Ihrem astralischen Leibe rasch zu dem Morgen des 23. Dezember vorzurücken. Diesen Prozess machen Sie tatsächlich im Innern durch.

Ich bitte Sie nun, das, was ich hier sage, in seinem vollen Ernste, das heißt in seiner vollen Bedeutung aufzufassen. Wenn Sie, sagen wir in einem Gefäß, das durch irgendeine Vorrichtung geschlossen ist, einen gasförmigen Körper haben, so können Sie diesen gasförmigen Körper zusammendrücken: Er wird immer dichter und dichter. Das ist ein räumlicher Vorgang. Aber er ist zu vergleichen – natürlich nur zu vergleichen – mit dem, was ich Ihnen eben beschrieben habe. Sie gehen zurück in Ihrem astralischen Leib und in Ihrem Ich bis zum Morgen des 22. Dezember und rücken rasch vor beim Aufwachen zum Morgen des 23. Dezember. Sie schieben innerhalb der Zeit Ihr Seelenwesen vorwärts. Das ist eine Verdichtung der Zeit, oder eigentlich genauer gesagt desjenigen, was in der Zeit lebt. Und durch diesen Vorgang wird unser Seelisches, unser astralischer Leib innerhalb der Zeit so verdichtet, dass er die Eindrücke der Außenwelt nicht nur kurz, sondern als bleibendes

Gedächtnis trägt. So wie irgendein Gas, das Sie verdichten, einen stärkeren Druck ausübt, also innerlich mehr Kraft hat, so bekommt Ihr astralischer Leib die starke Kraft der Erinnerung, die starke Kraft des Gedächtnisses durch dieses innerliche Zusammenschieben in der Zeit.

Man bekommt auf diese Weise eine Vorstellung von etwas, das einem eigentlich sonst immer entgeht. Man stellt sich die Zeit als etwas vor, das gleichmäßig fortläuft, und alles, was in der Zeit sich abspielt, läuft auch gleichmäßig mit der Zeit fort. Beim Raum weiß man: Was im Raume ausgedehnt ist, kann verdichtet werden, es wächst seine innere Expansionskraft. Aber auch was in der Zeit lebt, das Seelische, kann – es ist allerdings vergleichsweise gesprochen – verdichtet werden, dann wächst seine innere Kraft. Und für den Menschen ist eine dieser Kräfte die Erinnerungskraft.

Diese Erinnerungskraft verdanken wir in der Tat dem Vorgange während unseres Schlafes. Vom Einschlafen bis zum Aufwachen sind wir in der Welt der Archangeloi, und mit den Wesen der Hierarchie der Archangeloi zusammen bilden wir diese Kraft unseres Gedächtnisses aus. So wie wir die Kraft des sinnlichen Wahrnehmens und des Kombinierens der sinnlichen Wahrnehmungen mit den Wesenheiten der Hierarchie der Angeloi ausbilden, so bilden wir diese mehr verinnerlichte, mehr mit dem Zentrum zusammenhängende Kraft des Erinnerns in der Welt der Archangeloi aus.

Wahre Menschenerkenntnis gibt es nicht im nebulos-mystischen Sinne, wo man hineinbrütet in sich, wahre Menschenerkenntnis führt bei jedem Schritt, den man ins Innere macht, sogleich in höhere Welten hinauf. Wir haben heute von zwei solchen Schritten gesprochen. Schaut man das Gebiet der Sinne an – man ist in dem Gebiete der Angeloi; schaut man das Gebiet der Erinnerung an – man ist in dem Gebiete der Archangeloi. Selbsterkenntnis heißt zugleich Götter-Erkenntnis, Geist-Erkenntnis, weil jeder Schritt, der in das menschliche Innere führt, zugleich in die geistige Welt hineinführt. Und je tiefer man in das Innere dringt, desto höher – möchte ich sagen, um dieses Paradoxon zu gebrauchen – steigt man in die Welt der geistigen Wesenheiten hinauf. Selbsterkenntnis ist wirkliche Welterkenntnis, nämlich Erkenntnis des geistigen Inhaltes der Welt, wenn diese Selbsterkenntnis eine ernste ist.

Auch wiederum aus dieser Auseinandersetzung können Sie sehen, warum in älteren Zeiten, wo unter den orientalischen Völkern eine instinktive Art des geistigen Anschauens erstrebt worden ist, der Atmungsprozess durch besondere Atmungsübungen zu einem bewussten Vorgang gemacht werden sollte. Man tritt, sobald der Atmungsprozess bewusst wird, in eine geistige Welt ein. Ich brauche heute nicht wieder zu sagen, dass jene älteren Übungen von dem heutigen Menschen mit seiner veränderten Konstitution nicht wiederholt werden sollen, sondern durch andere zu ersetzen sind, die Sie in den genannten Büchern beschrieben finden. Aber für beide Arten von Erkenntnissen – für die Erkenntnis der älteren mystischen Clairvoyance, für die Erkenntnis der neueren exakten Clairvoyance – gilt das: dass man durch wirkliche Beobachtung derjenigen Vorgänge, die sich im Menschen innerlich abspielen, zugleich in die geistige Welt hineinkommt.

Es gibt Menschen, die sagen: Ja, aber auf diese Weise gerät man ins Ungeistige hinein. Man will die Sinnesvorgänge untersuchen, Atmungsvorgänge untersuchen. – Manche Menschen nennen das gegenüber einer nebulosen Mystik dann sogar materialistische Selbsterkenntnis. Man soll es nur einmal versuchen! Man wird sehen, dass der Sinnesprozess sogleich ein geistiger wird, wenn man ihn wirklich kennenlernt, und dass es nur eine Illusion ist, wenn man ihn für einen materiellen Prozess hält. Ebenso der Atmungsprozess. Der Atmungsprozess ist nur nach außen angesehen ein materieller Prozess. Nach innen angesehen ist er durch und durch ein geistiger Prozess, sogar ein solcher, der sich in einer weit höheren Welt abspielt als derjenigen, die wir durch unsere Sinne wahrnehmen.

(22. Dezember 1922)

IV DIE SEELE FÜHLT IM ATMEN

Im Nervenmechanismus liegt nichts von menschlichem Fühlen; diese Konsequenz wird nur nicht gezogen, aber sie liegt darin. Wenn also menschliches Fühlen im Leibe sich ausdrückt, womit hängt denn das zusammen? Welches ist das Verhältnis des Fühlens zum Leibe, wenn das Verhältnis des Vorstellens zum Leibe das ist, wie ich es eben geschildert habe mit Bezug auf das Verhältnis der Sinnesempfindung zum Nervenmechanismus? Nun, da zeigt Geisteswissenschaft, dass, wie mit dem Wahrnehmen und dem innerlichen Nervenmechanismus das Vorstellen zusammenhängt – so sonderbar das heute noch klingt, das wird einmal Ergebnis der Naturwissenschaft sein, kann aber heute schon als durchaus gesichertes Ergebnis der Geisteswissenschaft bezeichnet werden –, das Fühlen in ähnlicher Weise zusammenhängt mit alledem, was leiblich zur Atmung des Menschen gehört, und was mit dieser Atmung zusammenhängt. Fühlen hat nichts zu tun zunächst in seiner Entstehung mit dem Nervenmechanismus, sondern mit dem, was mit dem Atmungsorganismus zusammenhängt. Aber nun, wenigstens ein Einwand, der so nahe liegt, sei hier angebracht: Ja, aber die Nerven erregen doch all das, was mit der Atmung zusammenhängt! Ich werde beim Wollen auf diesen Einwand noch einmal zurückkommen. Die Nerven erregen gar nichts von dem, was mit dem Atmen zusammenhängt, sondern gerade so, wie wir durch unsere Sehnerven Licht und Farbe wahrnehmen, so nehmen wir durch diejenigen Nerven, die vom Zentralorganismus nach dem Atmungsorganismus hingehen, nur in dumpferer Weise, den Atmungsvorgang selber wahr.

Diese Nerven, die gewöhnlich als motorische Nerven für das Atmen bezeichnet werden, sind nichts anderes als sensitive Nerven. Sie sind da, um, wie die Gehirn-Nerven, nur dumpfer, die Atmung selber wahrzunehmen. Entstehung des Gefühls, in alledem, was da vorliegt vom Affekt bis hinauf zum leisen Fühlen, das hängt leiblich zusammen mit alledem, was sich abspielt im Menschen als Atmungsprozess, und dem, was dazugehört, was seine Fortsetzung nach der einen oder anderen Richtung im menschlichen Organismus ist. Man wird ganz anders denken über das, was das Fühlen leiblich charakterisiert, wenn man einmal durchschauen wird, wie man nicht sagen kann: Von irgendeinem Zentralorgan, von dem Gehirn, gehen gewisse Strömungen aus, die erregen die Atmungsvorgänge, sondern umgekehrt ist es eben der Fall. Die Atmungsvorgänge sind da, sie werden wahrgenommen durch gewisse Nerven; dadurch kommen sie mit ihnen in eine Beziehung. Aber es liegt nicht eine Beziehung so vor, dass die Entstehung der Gefühle im Nervensystem verankert wäre. Und hier kommen wir auf ein Gebiet, welches trotz der bewundernswürdigen Naturwissenschaft der Gegenwart noch gar nicht bearbeitet ist. Die leiblichen Ausdrücke des Gefühlslebens, sie werden in einer wunderbaren Weise beleuchtet werden, wenn man einmal die feineren Atmungsveränderungen und namentlich die feineren Veränderungen in der Wirkung des Atmungsprozesses studieren wird, während das eine oder andere Gefühl in uns abläuft.

Der Atmungsprozess ist ein ganz anderer als derjenige, der sich im menschlichen Nervenmechanismus abspielt. Für den Nervenmechanismus kann man in einer gewissen Beziehung sagen, er ist eine getreuliche Nachbildung des menschlichen Seelenlebens selber. Und wollte ich einen Ausdruck gebrauchen – solche Ausdrücke sind ja in der Sprache noch nicht geprägt, man kann daher nur Lehnbilder-Ausdrücke gebrauchen – für die Art, wie wunderbar im menschlichen Nervensystem abgebildet ist das Seelenleben, so möchte ich sagen: Das Seelenleben malt sich selber hinein in das Nervenleben, das Nervenleben ist wirklich ein Gemälde des seelischen Lebens. Alles, was wir mit Bezug auf die äußere Wahrnehmung seelisch erleben, malt sich ab im Nervensystem. Gerade dies ist es, was begreiflich erscheinen lassen muss, dass das Nervenleben namentlich des Hauptes schon bei der Geburt ein getreulicher Abdruck des seelischen Lebens ist, das aus der geistigen Welt herauskommt, und sich mit dem Leibesleben verbindet. Was man heute vielleicht gerade vom gehirnphysiologischen Standpunkte einwendet gegen die Verbindung der aus der Geisteswelt herauskommenden Seele mit dem Gehirn, mit dem Hauptes-Organ, das wird einmal gerade als Beweis dafür vorgebracht werden. Die Seele bereitet sich vor der Geburt oder Empfängnis aus geistigen Untergründen heraus jene wunderbare Bildung des Hauptes, die da vorliegt als Bildung des menschlichen Seelenlebens. Das Haupt – wie es zum Beispiel auch im Verlauf des menschlichen Lebens nur viermal schwerer wird, als es bei der Geburt ist, während der ganze Organismus 22-mal schwerer wird im Verlaufe des weiteren Wachstums – das Haupt tritt uns schon bei der Geburt als etwas in sich Ausgestaltetes, wenn der Ausdruck erlaubt ist: Vollkommenes entgegen. Schon vor der Geburt ist es im Grunde ein Bild des seelischen Erlebens, weil das seelische Erleben arbeitet an dem Haupte aus der geistigen Welt heraus lange Zeit, bevor überhaupt physische Tatsachen sich abspielen in der bekannten Art, die dann zum Dasein des Menschen in der physischen Welt führen. Für den Geistesforscher ist gerade dieser wunderbare Bau des menschlichen Nervensystems, der ein Abbild ist des menschlichen Seelenlebens, zugleich die Bewahrheitung, dass die Seele aus dem Geistigen herauskommt, und dass im Geistigen die Kräfte liegen, die das Gehirn zu einem Gemälde des Seelenlebens machen.

Soll ich nun einen Ausdruck gebrauchen für den Zusammenhang des Gefühlslebens mit dem Atmungsleben, der ähnlich charakterisieren würde wie der Ausdruck «das Nervenleben – ein Bild, ein Gemälde des Seelenlebens, des Vorstellungslebens» –, so möchte ich nennen das Atmungsleben und alles, was dazugehört, einen Abdruck des seelisch-geistigen Lebens, den ich vergleichen möchte mit der Bilderschrift. Das Nervensystem – ein wirkliches Bild, ein wirkliches Gemälde; das Atmungssystem – nur Bilderschrift. Das Nervensystem ist so gebaut, dass die Seele sich nur sich selber zu überlassen braucht, um aus dem Gemälde herauszufinden, was sie in sich nunmehr erleben will. Bei der Bilderschrift muss man schon deuten, da muss man etwas wissen, da muss die Seele sich mehr beschäftigen mit der Sache. So ist es auch mit Bezug auf das Atmungsleben. Das Atmungsleben ist weniger ein getreulicher Ausdruck – sollte ich das genauer charakterisieren, dann müsste ich hinweisen auf die Goethe'sche Metamorphosen-Lehre, dazu ist heute die Zeit zu kurz –, ein unmittelbar bildhafter Ausdruck des seelischen Erlebens, es ist vielmehr ein solcher Ausdruck, den ich vergleichen möchte mit dem Verhältnis der Bilderschrift zu dem Sinn der Bilderschrift. Das seelische Leben ist daher ein innerlicheres im Gefühlsleben, ein weniger an die äußeren Vorgänge gebundenes. Daher entgeht auch der Zusammenhang der gröberen Physiologie. Für den Geistesforscher ist aber gerade dadurch klar: Ebenso wie zusammenhängt das Atmungsleben mit dem Gefühlsleben, ebenso muss, weil dieses Atmungsleben ein weniger genauer Ausdruck desselben ist, das Gefühlsleben freier, selbstständiger in sich sein.

So umfassen wir also den Leib weiter, wenn wir ihn betrachten als einen Ausgestalter des Gefühlslebens, als wenn wir ihn nur betrachten können als einen Ausgestalter des Vorstellungslebens. Dadurch aber, dass das Gefühlsleben mit dem Atmungsleben zusammenhängt, lebt im Gefühlsleben das Geistige regsamer, innerlicher, als im bloßen Vorstellungsleben – in jenem Vorstellungsleben, das sich nicht zur Imagination erhebt, sondern nur eine Offenbarung ist des äußeren sinnlichen Erlebens. Das Gefühlsleben wird nicht so klar, nicht so hell, geradeso wenig wie die Bilderschrift so klar ausdrückt, was sie bedeutet, wie ein Bild das ausdrückt – ich muss mehr vergleichsweise sprechen –; aber gerade dadurch auch steht das, was sich im Gefühlsleben ausdrückt, im Geistigen mehr darinnen als das gewöhnliche Vorstellungsleben. Es ist das Atmungsleben weniger Werkzeug als das Nervenleben.

(15. März 1917)

Ich habe gesagt: So wie sich einmal die Dinge entwickelt haben in der neueren Geistesbildung, ist man immer mehr zu einer einseitigen Anschauung gekommen über die Beziehungen des Seelisch-Geistigen zu dem Leiblich-Physischen, die sich dadurch ausdrückt, dass man heute das Seelisch-Geistige eigentlich nur sucht innerhalb jenes Teiles der menschlichen Leiblichkeit, der im Nervensystem beziehungsweise im Gehirn liegt. Man teilt gewissermaßen das Seelisch-Geistige dem Gehirn und Nervensystem allein zu, und man betrachtet mehr oder weniger den übrigen Organismus, wenn man vom Seelisch-Geistigen spricht, nur wie eine Art von Beigabe zum Gehirn und Nervensystem. Nun habe ich versucht, die Ergebnisse der Geistesforschung auf diesem Gebiete klarzulegen, indem ich darauf hingewiesen habe, dass man zu einer wahren Anschauung über das Verhältnis von Menschenseele und Menschenleib nur kommt, wenn man die ganze menschliche Seele in Beziehung zu der ganzen Leiblichkeit setzt. Dann aber zeigt es sich, dass es wohl einen tieferen Hintergrund hat, das Ganze der menschlichen Seele zu gliedern in das eigentliche Vorstellungsleben, in das Gefühlsleben und das Willensleben. Denn nur das eigentliche Vorstellungsleben der Seele ist in der Weise an den Nervenorganismus gebunden, wie es die neuere physiologische Psychologie annimmt. Dagegen ist das Gefühlsleben – wohlgemerkt: nicht insofern es vorgestellt wird, sondern insofern es entsteht – in einer solchen Beziehung zu dem Atmungsorganismus des Menschen, zu alledem, was Atmung ist und mit der Atmung zusammenhängt, wie das Vorstellungsleben zum Nervensystem. Sodass wir zuteilen müssen das Gefühlsleben der Seele dem Atmungsorganismus. Dann weiter: Dasjenige, was wir Willensleben nennen, ist in einer gleichen Beziehung zu dem, was wir physisch im Leibe den Stoffwechsel nennen müssen; natürlich bis in seine feinsten Verzweigungen hinein. Und indem man berücksichtigt, dass ja im Organismus die einzelnen Systeme ineinandergreifen – der Stoffwechsel geht natürlich auch in den Nerven vor –, dadurch dringen, ich möchte sagen, an diesen äußersten Enden die Dinge ineinander. Es bleibt aber doch ein richtiges Verständnis nur möglich, wenn man die Dinge so ansieht, wenn man weiß, dass die Willensimpulse ebenso zuzuteilen sind den Stoffwechselvorgängen, wie die Vorstellungserlebnisse den Vorgängen im menschlichen Nervensystem beziehungsweise im Gehirn.

Solche Dinge können selbstverständlich zunächst nur angedeutet werden. Und auch schon aus dem Grunde, weil sie nur angedeutet werden können, sind Einwände über Einwände möglich. Aber ich weiß es ganz bestimmt: Wenn nicht mit Berücksichtigung bloßer Teile von Tatsachen der heutigen naturwissenschaftlichen Forschung, sondern mit dem ganzen Umfang der anatomisch-physiologischen Forschung an das eben Auseinandergesetzte wirklich herangegangen wird, das heißt, wenn man an alles denkt, was anatomisch-physiologische Forschung ist, dann wird sich ein vollständiger Einklang zwischen den von mir gemachten geisteswissenschaftlichen Behauptungen und den naturwissenschaftlichen Behauptungen ergeben. Oberflächlich angesehen – lassen Sie mich den Einwand nur als besonders Charakteristisches vorbringen – lassen sich natürlich Einwände über Einwände gegen eine so umfassende Wahrheit machen. Es könnte jemand sagen: Nun wollen wir uns zunächst darin einigen, dass gewisse Gefühle mit dem Atmungsorganismus zusammenhängen; denn dass dies für gewisse Gefühle sehr einleuchtend gezeigt werden kann, daran kann eigentlich niemand zweifeln. Aber es könnte jemand sagen: Ja, wie verhältst du dich denn dann dazu, dass wir zum Beispiel Melodien wahrnehmen, dass Melodien in unserem Bewusstsein auftreten; an Melodien knüpft sich das Gefühl des ästhetischen Wohlgefallens an. Kann man da sprechen von irgendeiner Beziehung des Atmungsorganismus zu dem, was ja ganz offenbar im Haupte entsteht, was so ganz offenbar nach physiologischen Ergebnissen zusammenhängt mit dem Nervenorganismus? – Sobald man die Sache richtig betrachtet, stellt sich auch sogleich mit vollständiger Klarheit das Richtige meiner Behauptung heraus. Nämlich, man muss dann in Erwägung ziehen, dass mit jeder Ausatmung ein wichtiger Vorgang im Gehirn parallel geht: dass das Gehirn bei der Ausatmung, wenn es nicht von der Schädeldecke niedergehalten würde, steigen würde – die Atmung pflanzt sich ins Gehirn hinein fort – und umgekehrt; bei der Einatmung sinkt das Gehirn. Und da es nicht steigen und sinken kann, weil die Schädeldecke da ist, so tritt das ein, was der Physiologie ganz bekannt ist: Es tritt der Wechsel in der Blutströmung ein, es findet das statt, was die Physiologie als Gehirnatmung kennt, das heißt gewisse Vorgänge, die in der Nervenumgebung parallel vorgehen dem Atmungsprozess. Und in dieser Begegnung des Atmungsprozesses mit dem, was durch unser Ohr in uns als Töne lebt, spielt sich das ab, was eben darauf hinweist, dass das Fühlen auch auf diesem Gebiet so zusammenhängt mit dem Atmungsorganismus wie das bloße Vorstellungsleben mit dem Nervenorganismus.

Ich will dieses andeuten, weil es etwas besonders Fernliegendes ist und deshalb einen naheliegenden Einwand abgibt. Könnte man sich mit jemand verständigen über alle Einzelheiten der physiologischen Ergebnisse, so würden keine solchen Einzelheiten dem widersprechen, was das letzte Mal hier vorgebracht wurde und heute wieder vorgebracht worden ist.

Nun soll es meine Aufgabe sein, wiederum in einer ähnlichen Weise wie im letzten Vortrag unsere Betrachtung weiter auszubauen. Und da muss ich ein wenig näher eingehen auf die Art und Weise, wie der Mensch das sinnliche Wahrnehmungsleben entfaltet, um zu zeigen, welches eigentlich das Verhältnis ist zwischen dem sinnlichen Wahrnehmungsvermögen, das zu Vorstellungen führt, und dem Gefühls- und Willensleben, überhaupt dem Leben des Menschen als Seele, als Leib und als Geist.

Durch unser Sinnesleben kommen wir mit der sinnlichen Umgebung in Verkehr. Innerhalb dieser sinnlichen Umgebung unterscheidet die Naturforschung gewisse Stoffe, sagen wir besser Stoff-Formen – denn auf diese kommt es ja jetzt an; wenn ich mit dem Physiker sprechen wollte, würde ich sagen müssen Aggregatzustände –: Festes, Flüssiges, Luftförmiges. Nun aber kommt, wie Sie ja alle wohl wissen, die physikalisch-naturwissenschaftliche Forschung dazu, außer diesen stofflichen Formen noch etwas anderes anzunehmen. Wenn die Naturwissenschaft das Licht erklären will, so begnügt sie sich nicht damit, diese Stoff-Formen nur gelten zu lassen, welche ich eben angeführt habe, sondern sie greift dann zu dem, was ihr zunächst feiner erscheint als diese Stoffsorten; sie greift zu dem, was man gewöhnlich Äther nennt. Die Vorstellung des Äthers ist ja eine außerordentlich schwierige, und man kann sagen: Die verschiedenen Gedanken, die man sich über das gemacht hat, was über den Äther gesagt werden soll, sind denkbar verschieden, mannigfaltig.

[...]

Denn dieses Rätsel nach dem Äther wird gelöst, indem die menschliche Seele diejenigen übungsgemäßen inneren Vorgänge durchmacht, welche ich hier öfters charakterisiert habe, und die in meinem Buche «Wie erlangt man Erkenntnisse der höheren Welten?» genauer beschrieben werden. Der Mensch gelangt, wenn er diese inneren Seelenvorgänge durchmacht, allerdings nach und nach dazu, den Äther wirklich von innen heraus zu erreichen. Dann wird der Äther für ihn unmittelbar da sein. Dann aber erst ist er imstande zu begreifen, was eigentlich eine Sinnesempfindung ist, was eigentlich vorliegt in der sinnlichen Wahrnehmung.

Um dieses heute darzustellen, muss ich gewissermaßen von anderer Seite den Zugang zu dieser Frage suchen. Gehen wir heran an das, was in den Stoffwechselvorgängen für den Menschen eigentlich vorgeht. Grob gesprochen, können wir uns die Stoffwechselvorgänge im menschlichen Organismus als so verlaufend denken, dass sie im Wesentlichen mit dem flüssigen Stoffelement zu tun haben. Das wird ja leicht eingesehen werden können, wenn man sich nur ein wenig mit den gangbarsten naturwissenschaftlichen Vorstellungen auf diesem Gebiete bekannt macht. Was Stoffwechselvorgang ist, das lebt gewissermaßen im flüssigen Element. Das, was Atmung ist, lebt im luftförmigen Element; in der Atmung haben wir eine Wechselwirkung zwischen inneren und äußeren Luftvorgängen, wie wir im Stoffwechsel eine Wechselwirkung haben zwischen stofflichen Vorgängen, die sich außer unserem Leibe abgespielt haben, und solchen, die sich in unserem Leibe abspielen. Was geht nun vor, wenn wir sinnlich wahrnehmen und das Vorstellen daran reihen? Was entspricht dem eigentlich? In ebensolcher Weise, wie die flüssigen Vorgänge dem Stoffwechsel, die luftförmigen Vorgänge dem Atmen entsprechen – was entspricht dem Wahrnehmen? Dem Wahrnehmen entsprechen ätherische Vorgänge. So wie wir gewissermaßen mit dem Stoffwechsel im Flüssigen leben, leben wir mit der Atmung in der Luft, leben wir mit der Wahrnehmung im Äther. Und innere Ätherprozesse, innere ätherische Vorgänge, die sich in dem unsichtbaren Leibe, von dem eben gesprochen worden ist, abspielen, berühren sich mit äußeren ätherischen Vorgängen in der sinnlichen Wahrnehmung. Wenn eingewendet wird: Ja, aber gewisse sinnliche Wahrnehmungen sind doch so offenbare Stoffwechselvorgänge! – es ist für diejenigen sinnlichen Wahrnehmungen besonders auffällig, die den sogenannten niederen Sinnen entsprechen, Geruch, Geschmack –, so würde ein genaueres Eingehen zeigen, dass dabei das, was stofflich ist, dem Stoffwechsel selbst angehört, und dass bei jedem solchen Vorgang, auch beim Schmecken zum Beispiel, ein ätherischer Prozess vorgeht, durch den wir in Beziehung treten mit dem äußeren Äther, wie wir mit dem physischen Leibe zu der Luft in Beziehung treten, indem wir atmen. Ohne das Verständnis der ätherischen Welt ist ein Verständnis der Sinnesempfindungen nicht möglich.

Und was geschieht denn eigentlich? Nun, was da geschieht, das kann man im Grunde genommen erst durchschauen, wenn man den inneren Seelenprozess so weit gebracht hat, dass einem das innerlich Ätherisch-Leibliche eine Wirklichkeit geworden ist. Das wird es, wenn das erreicht ist, was ich in den Vorträgen vor Kurzem hier das imaginative Vorstellen genannt habe. Wenn die Vorstellungen durch die Übungen, die Sie in dem genannten Buche finden können, sich so erkraftet haben, dass sie nicht mehr abstrakte Vorstellungen sind, die wir sonst haben, sondern lebensvolle Vorstellungen sind, dann kann man sie Imaginationen nennen. Wenn diese Vorstellungen so lebensvoll geworden sind, dass sie Imaginationen sind, dann leben sie unmittelbar im Ätherischen, während sie, wenn sie abstrakte Vorstellungen sind, nur im Seelischen leben. Sie greifen auf das Ätherische über. Und dann, wenn man es so weit gewissermaßen im innerlichen Experimentieren gebracht hat, dass man den Äther als Lebendig-Wirkliches in sich erlebt, dann kann man erfahren, was geschieht in der Sinnesempfindung. Die Sinnesempfindung besteht darin – ich kann dies heute nur als Ergebnis anführen –, dass, indem die äußere Umgebung das Ätherische aus dem Materiellen in unsere Sinnesorgane hineinsendet, jene Golfe macht, von denen ich vorgestern sprach, sodass das, was draußen ist, innerhalb unseres Sinnenbereiches auch innerlich wird, wir zum Beispiel einen Ton haben gewissermaßen zwischen Sinnesleben und Außenwelt. Dann wird dadurch, dass der äußere Äther eindringt in unsere Sinnesorgane, dieser äußere Äther abgetötet. Und indem der äußere Äther abgetötet in unsere Sinnesorgane hereinkommt, wird er, indem der innere Äther vom ätherischen Leibe ihm entgegenwirkt, wieder belebt. Darin haben wir das Wesen der Sinnesempfindung. Wie Ertötung und Belebung im Atmungsprozess entsteht, indem wir den Sauerstoff einatmen, und ausatmen die Kohlensäure, so besteht eine Wechselwirkung zwischen gewissermaßen erstorbenem Äther und belebtem Äther in der Sinnesempfindung.

Dies ist eine außerordentlich wichtige Tatsache, die sich der Geisteswissenschaft ergibt. Denn das, was keine philosophischen Spekulationen finden, woran die philosophische Spekulation der letzten Jahrhunderte so unzählige Male gescheitert ist, das kann nur auf dem Wege der Geisteswissenschaft gefunden werden. Sinnesempfindung kann so erkannt werden als eine feine Wechselwirkung zwischen äußerem und innerem Äther; als Belebung des im Sinnesorgan ertöteten Äthers vom inneren Ätherleibe aus. Sodass dasjenige, was die Sinne uns aus der Umgebung abtöten, innerlich durch den Ätherleib wieder belebt wird, und wir dadurch zu dem kommen, was eben Wahrnehmung der Außenwelt ist.

Dies ist außerordentlich wichtig, denn es zeigt, wie der Mensch, schon wenn er der Sinnesempfindung sich hingibt, nicht nur lebt im physischen Organismus, sondern im ätherisch Übersinnlichen, wie das ganze Sinnesleben ein Leben und Weben im Ätherisch-Unsichtbaren ist. Dies ist es, das eben in der charakterisierten Zeit die tieferen Forscher immer geahnt haben, das aber zur Gewissheit erhoben werden wird durch die Geisteswissenschaft.

(17. März 1917)

V DIE ERLEUCHTUNG

Die Erleuchtung geht von sehr einfachen Vorgängen aus. Auch dabei handelt es sich darum, gewisse Gefühle und Gedanken zu entwickeln, die in jedem Menschen schlummern und die erwachen müssen. Nur wer mit voller Geduld, streng und anhaltend die einfachen Vorgänge durchnimmt, den können sie zur Wahrnehmung der inneren Lichterscheinungen führen. Der erste Anfang wird damit gemacht, in einer bestimmten Art verschiedene Naturwesen zu betrachten, und zwar zum Beispiel einen durchsichtigen, schön geformten Stein (Kristall), eine Pflanze und ein Tier. Man suche zuerst seine ganze Aufmerksamkeit auf einen Vergleich des Steines mit dem Tier in folgender Art zu lenken. Die Gedanken, die hier angeführt werden, müssen, von lebhaften Gefühlen begleitet, durch die Seele ziehen. Und kein anderer Gedanke, kein anderes Gefühl dürfen sich einmischen und die intensiv aufmerksame Betrachtung stören. Man sage sich: «Der Stein hat eine Gestalt; das Tier hat auch Gestalt. Der Stein bleibt *ruhig* an seinem Ort. Das Tier verändert seinen Ort. Es ist der Trieb (die Begierde), welcher das Tier veranlasst, seinen Ort zu ändern. Und die Triebe sind es auch, denen die Gestalt des Tieres dient. Seine Organe, seine Werkzeuge sind diesen Trieben gemäß ausgebildet. Die Gestalt des Steins ist nicht nach Begierden, sondern durch begierdelose Kraft gebildet.»[3]

3 Die hier gemeinte Tatsache, insofern sie sich auf Kristallbeobachtung bezieht, ist von solchen, die nur in äußerlicher Weise (exoterisch) davon gehört haben, in mancherlei Art verdreht worden, woraus Verrichtungen wie «Kristallsehen» usw. entstanden sind. Derlei Manipulationen beruhen auf Missverständnissen. Sie sind in vielen Büchern beschrieben worden. Aber sie bilden niemals den Gegenstand wahren (esoterischen) Geheimunterrichtes.

Wenn man sich intensiv in diese Gedanken versenkt und dabei mit gespannter Aufmerksamkeit Stein und Tier betrachtet: Dann leben in der Seele zwei ganz verschiedene Gefühlsarten auf. Aus dem Stein strömt die eine Art des Gefühls, aus dem Tiere die andere Art in unsere Seele. Die Sache wird wahrscheinlich im Anfange nicht gelingen: Aber nach und nach, bei wirklicher geduldiger Übung, werden sich diese Gefühle einstellen. Man muss nur immerfort und fort üben. Erst sind die Gefühle nur so lange vorhanden, als die Betrachtung dauert, später wirken sie nach. Und dann werden sie zu etwas, was in der Seele lebendig bleibt. Der Mensch braucht sich dann nur zu besinnen: Und die beiden Gefühle steigen immer, auch ohne Betrachtung eines äußeren Gegenstandes, auf. – Aus diesen Gefühlen und den mit ihnen verbundenen Gedanken bilden sich *Hellseherorgane.* – Tritt dann in der Betrachtung noch die Pflanze hinzu, so wird man bemerken, dass das von ihr ausgehende Gefühl, seiner Beschaffenheit und auch seinem Grade nach, in der Mitte liegt zwischen dem vom Stein und dem vom Tier ausströmenden. Die Organe, welche sich auf solche Art bilden, sind *Geistesaugen.* Man lernt mit ihnen allmählich etwas wie seelische und geistige Farben zu sehen. Solange man nur das sich angeeignet hat, was als «Vorbereitung» beschrieben worden ist, bleibt die geistige Welt mit ihren Linien und Figuren dunkel; durch die Erleuchtung wird sie hell. – Auch hier muss bemerkt werden, dass die Worte «dunkel» und «hell» sowie die anderen gebrauchten Ausdrücke nur annähernd aussprechen, was gemeint ist. Will man sich aber der gebräuchlichen

Sprache bedienen, so ist nichts anderes möglich. Diese Sprache ist ja nur für die physischen Verhältnisse geschaffen. – Die Geheimwissenschaft bezeichnet nun das, was für das Hellseherorgan vom Stein ausströmt, als «blau» oder «blaurot». Dasjenige, was vom Tier empfunden wird, als «rot» oder «rotgelb». In der Tat sind es Farben «geistiger Art», die da gesehen werden. Die von der Pflanze ausgehende Farbe ist «grün», das nach und nach in ein helles ätherisches Rosarot übergeht. Die Pflanze ist nämlich dasjenige Naturwesen, welches in höheren Welten in einer gewissen Beziehung ihrer Beschaffenheit in der physischen Welt gleicht. Nicht dasselbe ist aber bei Stein und Tier der Fall. – Nun muss man sich klar sein, dass mit den oben genannten Farben nur die Hauptschattierungen des Stein-, Pflanzen- und Tierreiches angegeben sind. In Wirklichkeit sind alle möglichen Zwischenschattierungen vorhanden. Jeder Stein, jede Pflanze, jedes Tier hat seine ganz bestimmte Farbennuance. Dazu kommen die Wesen der höheren Welten, die niemals sich physisch verkörpern, mit ihren oft wundervollen, oft auch grässlichen Farben. In der Tat ist der Farbenreichtum in diesen höheren Welten unermesslich viel größer als in der physischen Welt.

Hat der Mensch einmal die Fähigkeit erworben, mit «Geistesaugen» zu sehen, so begegnet er auch, über kurz oder lang, den genannten höheren, zum Teil auch tieferen Wesen, als der Mensch ist, die niemals die physische Wirklichkeit betreten.

Hat der Mensch es so weit gebracht, wie hier beschrieben ist, so stehen ihm die Wege zu vielem offen.

Aber es ist keinem anzuraten, noch weiter zu gehen ohne sorgfältige Beachtung des vom Geistesforscher Gesagten oder sonst von ihm Mitgeteilten. Und auch für das schon Gesagte ist eine Beachtung solcher kundigen Führerschaft das Allerbeste. Hat übrigens der Mensch in sich die Kraft und Ausdauer, es so weit zu bringen, wie es den angegebenen elementaren Stufen der Erleuchtung entspricht, so wird er ganz gewiss auch die rechte Führung suchen und finden.

Eine Vorsicht ist aber unter allen Umständen notwendig, und wer sie nicht anwenden will, der soll am besten alle Schritte in die Geheimwissenschaft unterlassen. Es ist notwendig, dass der Mensch, der Geheimschüler wird, nichts verliere von seinen Eigenschaften als edler, guter und für alles physisch Wirkliche empfänglicher Mensch. Er muss im Gegenteile seine moralische Kraft, seine innere Lauterkeit, seine Beobachtungsgabe während der Geheimschülerschaft fortwährend steigern. Um ein Einzelnes zu erwähnen: Während der elementaren Erleuchtungsübungen muss der Geheimschüler dafür sorgen, dass er sein Mitgefühl für die Menschen- und Tierwelt, seinen Sinn für Schönheit der Natur immerfort vergrößere. Sorgt er nicht dafür, so stumpfen sich jenes Gefühl und dieser Sinn durch solche Übungen fortwährend ab. Das Herz würde hart, der Sinn stumpf. Und das müsste zu gefährlichen Ergebnissen führen.

Wie sich die Erleuchtung gestaltet, wenn man im Sinne der obigen Übungen über Stein, Pflanze und Tier zum Menschen heraufsteigt, und wie, nach der Erleuchtung, der Zusammenschluss der Seele mit der geistigen Welt unter allen Umständen sich einmal einstellt und zur Einweihung hingeleitet: davon wird in den nächsten Abschnitten gesprochen werden, soweit das sein kann.

Es wird in unserer Zeit von vielen Menschen der Weg zur Geheimwissenschaft gesucht. Auf mancherlei Art wird das getan; und viele gefährliche, ja verwerfliche Prozeduren werden probiert. Deshalb sollen diejenigen, die etwas Wahrhaftes von diesen Dingen zu wissen meinen, anderen die Möglichkeit geben, einiges aus der Geheimschulung kennenzulernen. Nur so viel ist hier mitgeteilt worden, als solcher Möglichkeit entspricht. Es ist notwendig, dass etwas von dem Wahren bekannt werde, damit nicht das Irrtümliche großen Schaden anrichte. Durch die hier vorgezeichneten Wege kann niemand Schaden nehmen, der nichts forciert. Nur das eine muss beobachtet werden: Niemand darf mehr Zeit und Kraft auf solche Übungen verwenden, als ihm nach seiner Lebensstellung, nach seinen Pflichten zur Verfügung stehen. Niemand darf durch den Geheimpfad irgendetwas in seinen äußeren Lebensverhältnissen augenblicklich ändern. Will man wirkliche Ergebnisse, dann muss man *Geduld* haben; man muss nach wenigen Minuten der Übung aufhören können und ruhig seiner Tagesarbeit nachgehen. Und nichts darf sich von Gedanken an die Übungen in die Tagesarbeit mischen. Wer nicht im höchsten und besten Sinne *warten* gelernt hat, der taugt nicht zum Geheimschüler und wird auch niemals zu Ergebnissen kommen, die einen erheblichen Wert haben.

KONTROLLE DER GEDANKEN UND GEFÜHLE

Wenn jemand die Wege zur Geheimwissenschaft in der Art sucht, wie es in dem vorhergehenden Kapitel beschrieben worden ist, dann darf er nicht versäumen, sich während der ganzen Arbeit durch *einen* fortwirkenden Gedanken zu stärken. Er muss sich nämlich stets vor Augen halten, dass er nach einiger Zeit schon ganz erhebliche Fortschritte gemacht haben kann, ohne dass sie sich ihm in der Weise zeigen, wie er es vielleicht erwartet hat. Wer dies nicht bedenkt, wird leicht die Beharrlichkeit verlieren und nach kurzer Zeit alle Versuche aufgeben. Die Kräfte und Fähigkeiten, welche man zu entwickeln hat, sind anfänglich von sehr zarter Art. Und ihre Wesenheit ist etwas ganz anderes als das, wovon sich der Mensch vorher Vorstellungen gemacht hat. Er war ja nur gewohnt, sich mit der physischen Welt zu beschäftigen. Die geistige und seelische entzog sich seinen Blicken und auch seinen Begriffen. Es ist daher gar nicht zu verwundern, dass er jetzt, wo sich in ihm geistige und seelische Kräfte entwickeln, diese nicht sogleich bemerkt. – Darinnen liegt die Möglichkeit einer Beirrung für den, welcher sich, ohne sich an die Erfahrungen zu halten, welche kundige Forscher gesammelt haben, auf den Geheimpfad begibt. Der Geheimforscher kennt die Fortschritte, welche der Schüler macht, lange bevor dieser sich selbst ihrer bewusst wird. Er weiß, wie die zarten geistigen Augen sich heranbilden, ehe der Schüler etwas davon weiß. Und ein großer Teil der Anweisungen dieses Geheimforschers besteht eben darinnen, das zum

Ausdrucke zu bringen, was bewirkt, dass der Schüler das Vertrauen, die Geduld, die Ausdauer nicht verliere, bevor er zur eigenen Erkenntnis seiner Fortschritte gelangt. *Geben* kann ja der Geheimkundige seinem Zögling nichts, was in diesem nicht – auf verborgene Art – schon liegt. Er kann nur anleiten zur Entwicklung von schlummernden Fähigkeiten. Aber was er aus seinen Erfahrungen mitteilt, wird eine Stütze sein dem, der sich aus dem Dunkel zum Lichte durchringen will.

Gar viele verlassen den Pfad zur Geheimwissenschaft bald, nachdem sie ihn betreten haben, weil ihnen ihre Fortschritte nicht sogleich bemerklich werden. Und selbst wenn die ersten für den Zögling wahrnehmbaren höheren Erfahrungen auftreten, so betrachtet sie dieser oft als Illusionen, weil er sich ganz andere Vorstellungen von dem gemacht hat, was er erleben soll. Er verliert den Mut, weil er entweder die ersten Erfahrungen für wertlos hält oder weil sie ihm doch so unscheinbar vorkommen, dass er nicht glaubt, sie könnten ihn in absehbarer Zeit zu irgendetwas Erheblichem führen. *Mut* und *Selbstvertrauen* sind aber zwei Lichter, die auf dem Wege zur Geheimwissenschaft nicht erlöschen dürfen. Wer es nicht über sich bringen kann, eine Übung, die scheinbar unzählige Male missglückt ist, immer wieder und wieder geduldig fortzusetzen, der kann nicht weit kommen.

Viel früher als eine deutliche Wahrnehmung von den Fortschritten tritt ein dunkles Gefühl auf, dass man auf dem rechten Wege sei. Und dieses Gefühl sollte man hegen und pflegen. Denn es kann zu einem sicheren Führer werden. Vor allem muss man den Glauben ausrotten, als ob es ganz absonderliche, geheimnisvolle Verrichtungen sein müssten, durch die man zu höheren Erkenntnissen gelangt. Man muss sich klarmachen, dass von den Gefühlen und Gedanken ausgegangen werden muss, mit denen der Mensch ja fortwährend lebt, und dass er diesen Gefühlen und Gedanken nur eine andere Richtung geben muss, als die gewohnte ist. Ein jeder sage sich zunächst: In meiner eigenen Gefühls- und Gedankenwelt liegen die höchsten Geheimnisse verborgen; ich habe sie bisher nur noch nicht wahrgenommen. Alles beruht schließlich darauf, dass der Mensch fortwährend Leib, Seele und Geist mit sich herumträgt, dass er sich aber nur seines Leibes im ausgesprochenen Sinne *bewusst* ist, nicht seiner Seele und seines Geistes. Und der Geheimschüler wird sich der Seele und des Geistes bewusst, wie sich der gewöhnliche Mensch seines Leibes bewusst ist.

Deshalb kommt es darauf an, die Gefühle und Gedanken in die rechte Richtung zu bringen. Dann entwickelt man die Wahrnehmungen für das im gewöhnlichen Leben Unsichtbare. Hier soll einer der Wege angegeben werden, wie man das macht. Eine einfache Sache ist es wieder, wie fast alles, was bisher mitgeteilt worden ist. Aber von den größten Wirkungen ist sie, wenn sie beharrlich durchgeführt wird und wenn der Mensch vermag, mit der nötigen intimen Stimmung sich ihr hinzugeben.

Man lege ein kleines Samenkorn einer Pflanze vor sich hin. Es kommt darauf an, sich vor diesem unscheinbaren Ding die rechten Gedanken intensiv zu machen und durch diese Gedanken gewisse Gefühle zu entwickeln. Zuerst mache man sich klar, was man wirklich mit Augen sieht. Man beschreibe für sich Form, Farbe und alle sonstigen Eigenschaften des Samens. Dann überlege man Folgendes. Aus diesem Samenkorn wird eine vielgestaltige Pflanze entstehen, wenn es in die Erde gepflanzt wird. Man vergegenwärtige sich diese Pflanze. Man baue sie sich in der Fantasie auf. Und dann denke man: Was ich mir jetzt in meiner Fantasie vorstelle, das werden die Kräfte der Erde und des Lichtes später wirklich aus dem Samenkorn hervorlocken. Wenn ich ein künstlich geformtes Ding vor mir hätte, das ganz täuschend dem Samenkorn nachgeahmt wäre, sodass es meine Augen nicht von einem wahren unterscheiden könnten, so würde keine Kraft der Erde und des Lichtes aus diesem eine Pflanze hervorlocken. Wer sich diesen Gedanken ganz klar macht, wer ihn innerlich erlebt, der wird sich auch den folgenden mit dem *richtigen Gefühle* bilden können. Er wird sich sagen: In dem Samenkorn ruht schon auf verborgene Art – als *Kraft* der ganzen Pflanze – das, was später aus ihm herauswächst. In der künstlichen Nachahmung ruht diese Kraft nicht. Und doch sind *für meine* Augen beide gleich. In dem wirklichen Samenkorn ist also etwas *unsichtbar* enthalten, was in der Nachahmung nicht ist. Auf dieses Unsichtbare lenke man nun Gefühl und Gedanken.[4] Man stelle sich

4 Wer da einwenden wollte, dass bei einer genaueren mikroskopischen Untersuchung sich ja doch die Nachahmung von dem wirklichen Samenkorn unterscheide, der zeigte nur, dass er nicht erfasst hat, worauf es ankommt. Es handelt sich nicht darum, was man genau wirklich in sinnenfälliger Weise vor sich hat, sondern darum, dass man daran seelisch-geistige Kräfte entwickle.

vor: Dieses Unsichtbare wird sich später in die sichtbare Pflanze verwandeln, die ich in Gestalt und Farbe vor mir haben werde. Man hänge dem Gedanken nach: *Das Unsichtbare wird sichtbar werden.* Könnte ich nicht *denken*, so könnte sich mir auch nicht schon jetzt ankündigen, was erst später sichtbar werden wird.

Besonders deutlich sei es betont: Was man da denkt, muss man auch intensiv *fühlen*. Man muss in *Ruhe*, ohne alle störenden Beimischungen anderer Gedanken, den einen oben angedeuteten in sich *erleben*. Und man muss sich Zeit lassen, sodass sich der Gedanke und das Gefühl, das sich an ihn knüpft, gleichsam in die Seele einbohren. – Bringt man das in der rechten Weise zustande, dann wird man nach einiger Zeit – vielleicht erst nach vielen Versuchen – eine Kraft in sich verspüren. Und diese Kraft wird eine neue Anschauung erschaffen. Das Samenkorn wird wie in einer kleinen Lichtwolke eingeschlossen erscheinen. Es wird auf sinnlich-geistige Weise als eine Art *Flamme* empfunden werden. Gegenüber der Mitte dieser Flamme empfindet man so, wie man beim Eindruck der Farbe *Lila* empfindet; gegenüber dem Rande, wie man der Farbe *Bläulich* gegenüber empfindet. – Da erscheint das, was man vorher nicht gesehen hat und was die Kraft des Gedankens und der Gefühle geschaffen hat, die man in sich erregt hat. Was sinnlich unsichtbar war, die Pflanze, die erst später sichtbar werden wird, das offenbart sich da auf geistig-sichtbare Art.

Es ist begreiflich, dass mancher Mensch das alles für Illusion halten wird. Viele werden sagen: «Was sollen mir solche Gesichte, solche Fantasmen?» Und manche werden abfallen und den Pfad nicht fortsetzen. Aber gerade darauf kommt es an: In diesen schwierigen Punkten der menschlichen Entwicklung nicht Fantasie und geistige Wirklichkeit miteinander zu verwechseln. Und ferner darauf, den Mut zu haben, vorwärts zu dringen und nicht furchtsam und kleinmütig zu werden. Auf der anderen Seite aber muss allerdings betont werden, dass der *gesunde* Sinn, der Wahrheit und Täuschung unterscheidet, fortwährend gepflegt werden muss. Der Mensch darf während all dieser Übungen nie die volle *bewusste* Herrschaft über sich selbst verlieren. So sicher, wie er über die Dinge und Vorgänge des Alltagslebens denkt, so muss er auch hier denken. Schlimm wäre es, wenn er in Träumerei verfiele. Verstandesklar, um nicht zu sagen: nüchtern, muss er in jedem Augenblicke bleiben. Und der größte Fehler wäre gemacht, wenn der Mensch durch solche Übungen sein Gleichgewicht verlöre, wenn er abgehalten würde, so gesund und klar über die Dinge des Alltagslebens zu urteilen, wie er das vorher getan hat. Immer wieder soll sich der Geheimschüler daher prüfen, ob er nicht etwa aus seinem Gleichgewicht herausgefallen ist, ob er *derselbe* geblieben ist innerhalb der Verhältnisse, in denen er lebt. Festes Ruhen in sich selbst, klarer Sinn für alles, das muss er sich bewahren. Allerdings ist streng zu beachten, dass man sich nicht jeder beliebigen Träumerei hingeben soll, sich nicht allen möglichen Übungen überlassen soll. Die Gedankenrichtungen, die hier angegeben werden, sind seit Urzeiten in den Geheimschulen erprobt und geübt. Und nur *solche* werden hier mitgeteilt. Wer solche anderer Art anwenden wollte, die er sich selbst bildet oder von denen er da oder dort hört und liest, der muss in die Irre gehen und wird sich bald auf dem Pfade uferloser Fantastik befinden.

Eine weitere Übung, die sich an die beschriebene anzuschließen hat, ist die folgende. Man stelle sich einer Pflanze gegenüber, die sich auf der Stufe der vollen Entwicklung befindet. Nun erfülle man sich mit dem Gedanken, dass die Zeit kommen werde, wo diese Pflanze abstirbt. Nichts wird von dem mehr sein, was ich jetzt vor mir sehe. Aber diese Pflanze wird dann Samenkörner aus sich entwickelt haben, die wieder zu neuen Pflanzen werden. Wieder werde ich gewahr, dass in dem, was ich sehe, etwas verborgen ruht, was ich nicht sehe. Ich erfülle mich ganz mit dem Gedanken: Diese Pflanzengestalt mit ihren Farben wird künftig nicht mehr sein. Aber die Vorstellung, dass sie Samen bildet, lehrt mich, dass sie nicht in Nichts verschwinden werde. Was sie vor dem Verschwinden bewahrt, kann ich jetzt ebenso wenig mit Augen sehen, wie ich früher die Pflanze im Samenkorn habe sehen können. *Es gibt also in ihr etwas, was ich nicht mit Augen sehe.* Lasse ich diesen Gedanken in mir leben und verbindet sich das entsprechende *Gefühl* in mir mit ihm, dann entwickelt sich wieder, nach angemessener Zeit, in meiner Seele eine Kraft, die zur *neuen Anschauung* wird. Aus der Pflanze wächst wieder eine Art von geistiger *Flammenbildung* heraus. Diese ist natürlich entsprechend größer als die vorhin geschilderte. Die Flamme kann etwa in ihrem mittleren Teile grünlichblau und an ihrem äußeren Rande gelblichrot empfunden werden.

Es muss ausdrücklich betont werden, dass man, was hier als «Farben» bezeichnet wird, *nicht* so sieht, wie physische Augen die Farben sehen, sondern dass man durch die *geistige* Wahrnehmung Ähnliches empfindet, wie wenn man einen physischen Farbeneindruck hat. Geistig «blau» wahrnehmen heißt etwas empfinden oder erfühlen, was ähnlich dem ist, was man empfindet, wenn der Blick des physischen Auges auf der Farbe «Blau» ruht. Dies muss berücksichtigen, wer allmählich wirklich zu geistigen Wahrnehmungen aufsteigen will. Er erwartet sonst, im Geistigen nur eine Wiederholung des Physischen zu finden. Das müsste ihn auf das Bitterste beirren.

Wer es dahin gebracht hat, solches geistig zu sehen, hat viel gewonnen. Denn die Dinge enthüllen sich ihm nicht nur im gegenwärtigen *Sein*, sondern auch in ihrem Entstehen und Vergehen. Er fängt an, überall den Geist zu schauen, von dem die sinnlichen Augen nichts wissen können. Und damit hat er die ersten Schritte dazu getan, um allmählich durch eigene Anschauung hinter das Geheimnis von *Geburt und Tod* zu kommen. Für die äußeren Sinne entsteht ein Wesen bei der Geburt; es vergeht im Tode. Dies ist aber nur deshalb, weil diese Sinne den verborgenen Geist des Wesens nicht wahrnehmen. Für den Geist sind Geburt und Tod nur eine Verwandlung, wie das Hervorsprießen der Blume aus der Knospe eine Verwandlung ist, die sich vor den sinnlichen Augen abspielt. Will man das aber durch eigene Anschauung kennenlernen, so muss man in der angedeuteten Art erst den geistigen Sinn dafür erwecken.

Um gleich noch einen Einwand hinwegzunehmen, den manche Menschen machen könnten, die einige seelische (psychische) Erfahrung haben, sei dieses gesagt. Es soll gar nicht bestritten werden, dass es kürzere, einfachere Wege gibt, dass manche aus eigener Anschauung die Erscheinungen von Geburt und Tod kennenlernen, ohne erst alles das, was hier beschrieben wird, durchgemacht zu haben. Es gibt eben Menschen, welche bedeutende psychische Anlagen haben, die nur eines kleinen Anstoßes bedürfen, um entwickelt zu werden. Aber das sind Ausnahmen. Der hier angegebene Weg ist jedoch ein allgemeiner und sicherer. Man kann sich ja auch einige chemische Kenntnisse auf einem ausnahmsweisen Weg erwerben; will man aber Chemiker werden, dann muss man den allgemeinen und sicheren Weg gehen.

Ein folgenschwerer Irrtum würde sich ergeben, wenn jemand glauben wollte, er könne, um bequemer zum Ziele zu gelangen, sich das besprochene Samenkörnchen oder die Pflanze *bloß* vorstellen, bloß in der Fantasie vorhalten. Wer dies tut, kann wohl auch zum Ziele kommen, doch nicht so sicher wie auf die angegebene Art. Die Anschauung, zu der man kommt, wird in den meisten Fällen nur ein Blendwerk der Fantasie sein. Bei ihr müsste dann die Umwandlung in geistige Anschauung erst abgewartet werden. Denn darauf kommt es an, dass nicht *ich* in bloßer Willkür mir Anschauungen schaffe, sondern darauf, dass die Wirklichkeit sie *in mir* erschafft. Aus den Tiefen meiner eigenen Seele muss die

Wahrheit hervorquellen; aber nicht mein gewöhnliches Ich darf selbst der Zauberer sein, der die Wahrheit hervorlocken will, sondern die Wesen müssen dieser Zauberer sein, deren geistige Wahrheit ich schauen will.

(Wie erlangt man Erkenntnisse der höheren Welten?, 1904/1905)

VI DIE REINE WAHRNEHMUNG

Ich habe Ihnen gesprochen von der Konzeption meiner «Philosophie der Freiheit». Diese «Philosophie der Freiheit» ist wirklich ein Versuch, in bescheidener Weise es bis zum reinen Denken zu treiben, bis zu jenem reinen Denken, in dem das Ich leben kann, in dem das Ich sich halten kann. Dann kann man, wenn man dieses reine Denken auf diese Weise erfasst hat, ein anderes anstreben. Man kann dann dieses Denken, das man jetzt dem Ich lässt, dem sich frei und unabhängig in freier Geistigkeit fühlenden Ich überlässt, man kann dann dieses reine Denken von dem Wahrnehmungsprozesse ausschalten, und man kann gewissermaßen, während man sonst im gewöhnlichen Leben, sagen wir, die Farbe sieht, indem man sie zugleich mit dem Vorstellen durchdringt, man kann die Vorstellungen herausheben aus dem ganzen Verarbeitungsprozess der Wahrnehmungen und kann die Wahrnehmungen selber direkt in unsere Leiblichkeit hineinziehen.

Goethe war schon auf dem Wege. Er hat schon die ersten Schritte gemacht. Man lese im letzten Kapitel seiner Farbenlehre: «Die sinnlich-sittliche Wirkung der Farbe», wie er bei jeder Wirkung etwas empfindet, das zugleich tief sich vereinigt nicht bloß mit dem Wahrnehmungsvermögen, sondern mit dem ganzen Menschen, wie er das Gelbe, das Rote als attackierende Farbe empfindet, die gewissermaßen ganz durch ihn durchdringt, ihn mit Wärme erfüllt, wie er ansieht das Blaue und das Violette als diejenigen Farben, die einen gewissermaßen aus sich selber herausreißen, als die kalten Farben. Der ganze Mensch erlebt etwas bei der Sinneswahrnehmung.

Die Sinneswahrnehmung mit ihrem Inhalte geht unter in die Leiblichkeit und es bleibt gewissermaßen darüber schweben das Ich mit dem reinen Gedankeninhalt. Wir schalten das Denken aus, indem wir also intensiver als sonst, wo wir den Wahrnehmungsinhalt durch die Vorstellungen abschwächen, nun den ganzen Wahrnehmungsinhalt hereinnehmen und uns mit ihm erfüllen. Wir erziehen uns in besonderer Weise zu einem solchen Erfüllen unserer selbst mit dem Wahrnehmungsinhalte, wenn wir dasjenige, wozu als zu einer Entartung der Orientale gekommen ist, das symbolische Vorstellen, das bildliche Vorstellen, wenn wir das systematisch treiben, wenn wir, statt dass wir im reinen Gedanken, im gesetzmäßig logischen Gedanken den Wahrnehmungsinhalt auffassen, nunmehr diesen Wahrnehmungsinhalt in Symbolen, in Bildern auffassen und dadurch ihn gewissermaßen mit Umgehung der Gedanken in uns hineinströmen lassen, wenn wir uns durchdringen mit all der Sattheit der Farben, der Sattheit des Tones dadurch, dass wir nicht begrifflich, dass wir symbolisch, bildlich zu unserer Schulung die Vorstellungen innerlich erleben. Dadurch, dass wir nicht mit dem Gedankeninhalt, wie es die Assoziationspsychologie machen will, unser Inneres durchstrahlen, sondern dass wir es durchstrahlen mit diesem durch Symbole und Bilder angedeuteten Wahrnehmungsinhalt, dadurch strömt uns von innen entgegen dasjenige, was in uns als ätherischer Leib, astralischer Leib lebendig ist, dadurch lernen wir die Tiefe unseres Bewusstseins und unserer Seele kennen. Man lernt wirklich das Innere des Menschen auf diese Weise kennen, nicht durch jene schwafelnde Mystik, die oftmals von nebulosen Geistern als ein Weg zum inneren Gotte angegeben wird, die aber zu nichts anderem führt als zu einer äußerlichen Abstraktion, bei der man doch, wenn man ein ganzer, voller Mensch sein will, nicht stehen bleiben kann.

Will man den Menschen wirklich physiologisch erforschen, dann muss man mit Ausschaltung des Denkens auf diese Weise das bildhafte Vorstellen nach innen treiben, sodass die Leiblichkeit des Menschen in Imaginationen darauf reagiert. Dies ist allerdings ein Weg, der in der abendländischen Entwicklung erst im Beginne ist, aber es ist der Weg, der eingeschlagen werden muss, wenn demjenigen, was vom Orient herüberströmt und was in die Dekadenz führen würde, wenn es allein Geltung hätte, wenn dem etwas, das ihm gewachsen ist, entgegengestellt werden soll, sodass wir zu einem Aufstieg und nicht zu einem Niederstieg unserer Zivilisation kommen sollen. Aber man kann sagen: Im Allgemeinen ist die menschliche Sprache selbst noch nicht so weit, dass sie nun jene Erlebnisse, die man da antrifft im Inneren seiner Seele, voll ausgestalten kann. Und hier ist es, wo ich ein persönliches Erlebnis Ihnen erzählen möchte.

Ich habe vor vielen Jahren auf einem gewissen Gebiete versucht, in Worte zu kleiden dasjenige, was man nennen kann menschliche Sinnenlehre. Es ist mir in einer Weise gelungen, das in Worte zu kleiden, was solche menschliche Sinneslehre, die Lehre von den zwölf Sinnen ist, im mündlichen Vortrage, weil man da noch eher die Möglichkeit hat, die Sprache so zu drehen und zu wenden, und durch Wiederholungen zu sorgen für das Verständnis, dass man die Mängel unserer Sprache, die solch übersinnlichem Wesen noch nicht gewachsen ist, nicht so stark fühlt. Aber als ich dann – es war, wie gesagt, vor vielen Jahren – aufschreiben wollte dasjenige, was ich als eigentliche Anthroposophie gegeben habe in Vorträgen, um es zu einem Buche zu formen, da stellte sich das Merkwürdige heraus, dass das äußerlich Erlebte bei seinem Hineintragen in das Innere etwas so Sensitives wurde, dass die Sprache nicht die Worte hergab, und ich glaube, fünf bis sechs Jahre lag der Anfang des Gedruckten, mehrere Bogen, in der Druckerei. Ich konnte, weil ich das Ganze in dem Stil fortschreiben wollte, wie es angefangen war, einfach weil die Sprache zunächst das nicht hergab für meine damalige Entwicklungsstufe, was ich erreichen wollte, nicht weiterschreiben. Nachher ist eine Überlastung mit Arbeiten gekommen, und ich konnte bis jetzt dieses Buch noch nicht fertig machen. Derjenige, der es weniger gewissenhaft nimmt mit dem, was er aus der geistigen Welt heraus seinen Mitmenschen gibt, der mag vielleicht lächeln über ein solches Stehen-Bleiben bei einer zeitlich unüberwindlichen Schwierigkeit. Wer aber wirklich erlebt hat und wer zu durchdringen vermag mit dem vollen Verantwortlichkeitsgefühl dasjenige, was sich ergibt, wenn man schildern will die Wege, die nun die abendländische Menschheit zur Imagination hin nehmen muss, der weiß, dass vieles notwendig ist, um gerade für eine solche Schilderung die richtigen Worte zu finden. Als Schulungsweg ist es verhältnismäßig einfach zu schildern. Das ist in meinem Buche «Wie erlangt man Erkenntnisse der höheren Welten?» geschehen. Aber, indem man ganz bestimmte Resultate erzielen will, wie es das Resultat war, die Wesenheit der menschlichen Sinne selber, also eines Teiles der inneren Menschheitsorganisation zu beschreiben, wenn man solche ganz bestimmte Resultate erzielen soll, dann ergibt sich die Schwierigkeit, Imaginationen zu erfassen und sie in scharfen Konturen durch die Worte hinzustellen.

Dennoch, dieser Weg muss von der abendländischen Menschheit gegangen werden. Und geradeso wie der Morgenländer an seinen Mantren empfunden hat das Hineingehen in die geistige Welt des Äußeren, so muss der Abendländer über alle Assoziationspsychologie hinaus das Hineinschreiten des Menschen in seine eigene Wesenheit dadurch lernen, dass er zur imaginativen Welt kommt. Nur dadurch, dass er zur imaginativen Welt kommt, wird er eine wahre Menschheitserkenntnis erringen. Und diese wahre Menschheitserkenntnis, die muss zum Fortschritte der Menschheit errungen werden. Und weil wir in einer viel bewussteren Weise leben müssen, als die Orientalen gelebt haben, so dürfen wir nicht einfach etwa sagen: Nun, wir können es ja der Zukunft überlassen, ob nicht durch natürliche Vorgänge sich allmählich die Menschheit diese imaginative Welt aneignet – nein, diese imaginative Welt muss, weil wir in das Stadium der bewussten Entwicklung der Menschheit getreten sind, auch bewusst angestrebt werden, und man darf nicht bei gewissen Etappen stehen bleiben. Denn, was geschieht, wenn man auf gewissen Etappen stehen bleibt? Dann setzt man nicht das Richtige dem immer mehr überhandnehmenden Skeptizismus, der von Osten nach Westen zieht, entgegen, sondern dann setzt man dasjenige entgegen, was doch davon herrührt, dass das Geistig-Seelische zu gründlich, zu tief, unbewusst sich verbindet mit dem physischen Leibe, dass gewissermaßen eine zu dichte Verbindung entsteht des Geistig-Seelischen mit dem physischen Leibe.

Ja, man kann nicht nur materialistisch denken, man kann auch materialistisch sein, indem sich das Geistig-Seelische zu stark verbindet mit dem physischen Leibe. Dann lebt man nicht mit dem Ich frei in den Begriffen des reinen Denkens, zu denen man es gebracht hat. Und taucht man mit dem bildhaft gewordenen Wahrnehmen in die Leiblichkeit unter, dann taucht man mit dem Ich und mit den Begriffen in die Leiblichkeit unter. Und wenn man das dann verbreitet, wenn man mit dem die Menschen durchdringt, dann entsteht dadurch die geistige Erscheinung, die wir gut kennen, der Dogmatismus aller Sorten. Der Dogmatismus aller Sorten ist nichts anderes als ins Geistig-Seelische übersetzt dasjenige, was dann auf einer tieferen Stufe ins Pathologische übertragen in der Platzfurcht und dergleichen zutage tritt, und was deshalb, weil es verwandt ist, sich auch in etwas zeigt, was eine Metamorphose der Furcht ist, in allerlei Aberglauben. Aus dem, was sich da als Dogmatismus entwickelt hat, was, ich möchte sagen, aus dem unbewussten Drang nach Imagination entsteht, der aber zurückgehalten wird durch Gewaltmächte, aus dem, was sich da entwickelt, entstehen alle Arten des Dogmatismus. Sie müssen allmählich ersetzt werden durch dasjenige, was entsteht, wenn man die Ideenwelt in der Region des Ich erhält, wenn man zur Imagination schreitet, dadurch den Menschen in seiner wahren Gestalt in sein inneres Erlebnis aufnimmt und allmählich auf eine andere Art den abendländischen Weg in die geistige Welt hinein geht. Dieser andere Weg durch die Imagination, er ist derjenige, der begründen muss dasjenige, was als Geisteswissenschaftsströmung, als Geistesentwicklung von dem Westen nach dem Osten hin sich bewegen muss, wenn die Menschheit vorwärtsschreiten will.

(2. Oktober 1920)

In meinem Buche «Wie erlangt man Erkenntnisse der höheren Welten?» ist zwar durchaus ein sicherer Weg in die übersinnlichen Gebiete hinein charakterisiert, aber er ist so charakterisiert, dass er gewissermaßen für jedermann taugt, dass er vor allen Dingen für diejenigen taugt, welche nicht durch ein eigentliches wissenschaftliches Leben hindurchgegangen sind. Ich will ihn heute im Speziellen so charakterisieren, wie er eben mehr für den Wissenschafter taugt. Für diesen Wissenschafter muss ich auch nach allen meinen Erfahrungen als eine Art Voraussetzung ansehen – wir werden gleich nachher hören, in welchem Sinne das gemeint ist –, ich muss ansehen als eine richtige Voraussetzung dieses Erkenntnisweges das Verfolgen dessen, was in meiner «Philosophie der Freiheit» dargestellt ist. Diese «Philosophie der Freiheit» ist ja nicht in der Absicht geschrieben, in der heute zumeist Bücher geschrieben werden. Heute werden Bücher geschrieben zu dem Ziele, dass der Betreffende sich über den Inhalt des Mitgeteilten einfach informiert, dass er nach seinen besonderen Vorkenntnissen, nach seiner Bildung oder seiner wissenschaftlichen Kultur eben Kenntnis nimmt von dem, was inhaltlich in einem Buche enthalten ist. So ist eigentlich im Grunde genommen meine «Philosophie der Freiheit» nicht gemeint. Daher wird sie auch von denjenigen nicht gerade geliebt, die von einem Buche nur Kenntnis nehmen wollen. Meine «Philosophie der Freiheit» ist so gemeint, dass man zur unmittelbaren eigenen Denktätigkeit Seite für Seite greifen muss, dass gewissermaßen das Buch selbst nur eine Art Partitur ist und man in innerer Denktätigkeit diese Partitur lesen muss, um fortwährend aus dem Eigenen heraus von Gedanke zu Gedanke fortzuschreiten. Sodass bei diesem Buch durchaus immer mit der gedanklichen Mitarbeit des Lesers gerechnet ist. Und es ist ferner gerechnet mit demjenigen, was aus der Seele wird, wenn sie eine solche Gedankenarbeit mitmacht. Derjenige, der sich nicht gesteht, dass, wenn er dieses Buch nun wirklich in eigener seelischer Gedankenarbeit absolviert hat, er dann gewissermaßen sich in einem Elemente des Seelenlebens erfasst hat, in dem er sich früher nicht erfasst hat; derjenige, der nicht spürt, dass er gewissermaßen herausgehoben ist aus seinem gewöhnlichen Vorstellen in ein sinnlichkeitsfreies Denken, in dem man sich ganz bewegt, sodass man erfühlt, wie man in diesem Denken frei geworden ist von den Bedingungen der Leiblichkeit, der liest eigentlich diese

«Philosophie der Freiheit» nicht im richtigen Sinne. Und der versteht sie im Grunde genommen nicht richtig, der sich dies nicht gestehen kann. Man muss gewissermaßen sich sagen können: Jetzt weiß ich durch diese seelische Gedankenarbeit, die ich verrichtet habe, was eigentlich reines Denken ist.

Es ist ja das Eigentümliche, dass dasjenige, was gerade in der Seele real werden soll beim Verfolgen meiner «Philosophie der Freiheit», von den meisten Philosophen des Abendlandes überhaupt in seiner Realität geleugnet wird. Sie finden bei zahlreichen Philosophen Ausführungen darüber, dass es ja ein reines Denken gar nicht gäbe, dass alles Denken immer erfüllt sein müsse mit Resten wenigstens, wenn auch noch so sehr verdünnten Resten der sinnlichen Anschauung. Man müsste allerdings glauben, dass solche Philosophen niemals wirklich Mathematik studiert haben, sich niemals eingelassen haben auf den Unterschied zwischen der analytischen Mechanik und der empirischen Mechanik, die so etwas behaupten. Allein es ist ja schon durch unseren Spezialismus einmal so weit gekommen, dass man heute oftmals philosophiert, ohne überhaupt die Spur von einer Erkenntnis des mathematischen Denkens zu haben. Im Grunde genommen kann man nicht philosophieren, ohne wenigstens den Geist des mathematischen Denkens erfasst zu haben. Wir haben gesehen, wie *Goethe* gegenüber diesem Geiste des mathematischen Denkens sich verhielt, wenn er auch selber sagte, dass er sich keine besondere, speziell-mathematische Kultur zuschreiben könne. Also es wird eigentlich von vielen geleugnet, dass es das gibt, von dem ich gerade möchte, dass man es sich aneignet durch das Studium der «Philosophie der Freiheit».

Und nun setzen wir voraus, jemand käme einfach innerhalb des gewöhnlichen Bewusstseins dazu, diese «Philosophie der Freiheit» in der Art durchzuarbeiten, wie ich das eben beschrieben habe, dann kann er natürlich nicht sagen: Er sei irgendwie in der übersinnlichen Welt darinnen. Denn diese «Philosophie der Freiheit», ich habe sie ganz absichtlich so geschrieben, wie sie geschrieben ist, weil sie zunächst als ein rein philosophisches Werk vor die Welt hintreten sollte. Man sollte nur denken, was geleistet worden wäre für anthroposophisch orientierte Geisteswissenschaft, wenn ich gleich begonnen hätte mit geisteswissenschaftlichen Werken. Diese geisteswissenschaftlichen Werke wären selbstverständlich als der purste Dilettantismus, als Laienliteratur von allen Fachphilosophen unberücksichtigt gelassen worden. Ich musste zunächst rein philosophisch schreiben. Ich musste zunächst vor die Welt hinstellen etwas, was im reinen Sinne philosophisch gedacht war, trotzdem es eben hinausging über das gewöhnliche Philosophische. Aber allerdings, einmal musste der Übergang gemacht werden von dem bloßen philosophischen und naturwissenschaftlichen Schreiben zu dem geisteswissenschaftlichen Schreiben. Es war in einer Zeit, in welcher ich gerade eingeladen war, über Goethes «Naturwissenschaftliche Schriften» zu schreiben als ein besonderes Kapitel einer deutschen Goethe-Biografie. Es war am Ende der neunziger Jahre des vorigen Jahrhunderts. Und so sollte ich das Kapitel über Goethes «Naturwissenschaftliche Schriften» schreiben. Ich hatte es auch schon geschrieben, es war bereits dem Verleger abgeliefert, und unmittelbar hinterher erschien meine Schrift: «Die Mystik im Aufgange des neuzeitlichen Geisteslebens und ihr Verhältnis zur modernen Weltanschauung», durch die ich herüberleitete den Weg von dem rein Philosophischen zu dem Anthroposophisch-Orientierten. Und ich bekam, nachdem diese Schrift erschienen war, mein Manuskript vom Verleger zurück, bloß vom Honorar begleitet, damit ich nicht irgendwie aufmucke, denn damit war dem Rechte sein Tribut gezollt. Aber man wollte von dem, der diese Mystik geschrieben hat, bei den wissenschaftlichen Zöpfen selbstverständlich nun auch nicht mehr ein Kapitel über die naturwissenschaftliche Entwicklung Goethes haben.

Nun, ich setze also voraus, dass man zunächst aus dem gewöhnlichen Bewusstsein heraus in dieser Weise, wie ich es angeführt habe, die «Philosophie der Freiheit» durchgearbeitet habe. Dann wird man in der rechten Verfassung sein, um nun gewissermaßen das in gutem Sinne vorzunehmen für seine Seele, was ich schon gestern bezeichnet habe, mit ein paar Worten allerdings nur, zunächst als den Weg in die Imagination hinein. Dieser Weg in die Imagination hinein, er kann so vollzogen werden, angemessen unserer abendländischen Zivilisation, dass man versucht, sich ganz nur der äußeren phänomenologischen Welt hinzugeben, diese unmittelbar auf sich wirken zu lassen mit Ausschluss des Denkens, aber so, dass man sie doch aufnimmt. Nicht wahr, unser gewöhnliches Geistesleben im wachen Zustande verläuft ja so, dass wir wahrnehmen und eigentlich immer im Wahrnehmen schon das Wahrgenommene mit Vorstellungen durchtränken, im wissenschaftlichen Denken ganz systematisch das Wahrgenommene mit Vorstellungen verweben, durch Vorstellungen systematisieren und so weiter. Dadurch, dass man sich ein solches Denken angeeignet hat, wie es allmählich hervortritt im Verlaufe der «Philosophie der Freiheit», kommt man nun wirklich in die Lage, so scharf innerlich seelisch arbeiten zu können, dass man, indem man wahrnimmt, ausschließt das Vorstellen, dass man das Vorstellen unterdrückt, dass man sich bloß dem äußeren Wahrnehmen hingibt. Aber damit man die Seelenkräfte verstärke und die Wahrnehmungen im richtigen Sinne gewissermaßen einsaugt, ohne dass man sie beim Einsaugen mit Vorstellungen verarbeitet, kann man auch noch das machen, dass man nicht im gewöhnlichen Sinne mit Vorstellungen diese Wahrnehmungen beurteilt, sondern dass man sich symbolische oder andere Bilder schafft zu dem mit dem Auge zu Sehenden, mit dem Ohre zu Hörenden, auch Wärmebilder, Tastbilder und so weiter. Dadurch, dass man gewissermaßen das Wahrnehmen in Fluss bringt, dadurch, dass man Bewegung und Leben in das Wahrnehmen hineinbringt, aber in einer solchen Weise, wie es nicht im gewöhnlichen Vorstellen geschieht, sondern im symbolisierenden oder auch künstlerisch verarbeitenden Wahrnehmen, dadurch kommt man viel eher zu der Kraft, sich von der Wahrnehmung als solcher durchdringen zu lassen. Man kann sich ja schon gut vorbereiten für eine solche Erkenntnis bloß dadurch, dass man wirklich im strengsten Sinne sich heranerzieht zu dem, was ich charakterisiert habe als den Phänomenalismus, als das Durcharbeiten der Phänomene. Wenn man wirklich an der materiellen Grenze des Erkennens getrachtet hat, nicht in Trägheit durchzustoßen durch den Sinnesteppich und dann allerlei Metaphysisches da zu suchen in Atomen und Molekülen, sondern wenn man die Begriffe verwendet hat, um die Phänomene anzuordnen, um die Phänomene hin zu verfolgen bis zu den Urphänomenen, dann bekommt man dadurch schon eine Erziehung, die dann auch alles Begriffliche hinweghalten kann von den Phänomenen. Und symbolisiert man dann noch, verbildlicht man die Phänomene, dann bekommt man eine starke seelische Macht, um gewissermaßen die Außenwelt begriffsfrei in sich einzusaugen.

Man muss selbstverständlich nicht glauben, dies sei zu erreichen in kurzer Zeit. Geistesforschung erfordert weit mehr Arbeit als Laboratoriums- oder Sternwartenforschung. Sie erfordert vor allen Dingen eine intensive Anstrengung des eigenen Willens. Und hat man eine Zeitlang ein solches symbolisches Vorstellen getrieben, hat man sich dazu noch bemüht, auf den Bildern, die man in dieser Weise ganz in Anlehnung an die Phänomene in der Seele präsent sein lässt und die sonst nur vorübergehen, indem man ja im Leben von Sensation zu Sensation, von Erlebnis zu Erlebnis eilt, hat man sich gewöhnt, kontemplativ lange und immer länger auf einem Bilde, das man ganz durchschaut, das man sich selber gemacht hat oder sich auch von jemandem anraten lässt, sodass es keine Reminiszenz sein kann, hat man sich gewöhnt, kontemplativ auf einem solchen Bilde zu ruhen, und wiederholt man diesen Vorgang immer wieder und wiederum, so verstärkt sich die innere Seelenkraft, und man wird zuletzt gewahr, dass man in sich selber etwas erlebt, von dem man vorher eigentlich keine Ahnung gehabt hat. Höchstens kann man – aber man sollte das eigentlich nicht missverstehen – sich ein Bild machen von dem, was man jetzt, aber nur in seinem Inneren, erlebt, indem man sich erinnert an besonders lebendige Traumvorstellungen, nur dass die Traumvorstellungen doch immer Reminiszenzen sind und nicht unmittelbar bezogen werden dürfen auf etwas Äußeres, dass aber das einem gewissermaßen als Reaktion entgegenkommt aus dem eigenen Inneren. Wenn man also diese Bilder durchlebt, so ist das etwas durchaus Reales, und man kommt darauf, dass man jetzt in seinem eigenen Inneren antrifft dasjenige Geistige, welches den Wachstumsprozess gibt, welches die Wachstumskraft ist. Man merkt, man kommt hinein in einen Teil seiner Menschheitskonstitution, der in einem ist, der sich mit einem verbindet, der in einem tätig ist, den man aber früher nur unbewusst erlebt hat. Wie unbewusst erlebt?

Nun, ich habe Ihnen ja gesagt, dass von der Geburt bis zum Zahnwechsel ein Geistig-Seelisches den Menschen durchorganisiert, dass es dann mehr oder weniger sich emanzipiert. Dann aber zwischen dem Zahnwechsel und der Geschlechtsreife wird durch ein solches Geistig-Seelisches, das gewissermaßen untertaucht in den physischen Leib, zunächst der Liebestrieb angeregt, aber auch vieles andere. Das alles aber geschieht auf unbewusste Art. Kommt man aber mit vollem Bewusstsein durch solche seelischen Vornahmen, wie ich sie charakterisiert habe, dazu, dieses Hineindringen des Geistig-Seelischen in die leibliche Organisation zu verfolgen, dann sieht man, wie solche Prozesse im Menschen vor sich gehen, wie eigentlich der Mensch immer, von der Geburt an, der Außenwelt hingegeben ist. Man hält dieses Sich-Hingeben an die Außenwelt heute für ein bloßes abstraktes Wahrnehmen oder abstraktes Erkennen. Das ist es nicht. Indem wir umgeben sind von einer farbigen Welt, indem wir umgeben sind von einer tönenden Welt, indem wir umgeben sind von einer wärmenden Welt, kurz, indem wir umgeben sind von alldem, was Eindrücke auf unsere Sinne macht, was durch Verarbeitung der Eindrücke mit unseren Vorstellungen wiederum neuerdings Eindrücke auf unsere Organisation macht, indem wir alles dasjenige bewusst erleben, sehen wir, dass wir, wenn wir es unbewusst erleben seit der Kindheit, mit den Farbeneindrücken, mit den Toneindrücken etwas aufnehmen, was als Geistiges unsere Organisation durchdringt. Und wenn wir zum Beispiel zwischen dem Zahnwechsel und der Geschlechtsreife die Liebesempfindung aufnehmen, so ist das nicht etwas, was herauswächst aus unserem Leibe, sondern ist etwas, was der Kosmos uns gibt, was der Kosmos uns durch Farben, durch Töne, durch Wärmeströmungen, die an uns herankommen, gibt. Wärme ist noch etwas anderes als Wärme, Licht ist etwas anderes als Licht im physischen Sinne, Ton ist etwas anderes als Ton im physischen Sinne. Indem wir Sinneseindrücke haben, ist zwar nur dasjenige bewusst, was zunächst, ich möchte sagen, der äußere Ton, die äußere Farbe ist. Aber durch diese Hingebung wirkt nicht dasjenige, wovon eine moderne Physik oder Physiologie träumt, Ätherbewegungen, Atombewegungen und dergleichen, sondern es wirkt Geist, es wirken die Kräfte, die uns erst hier in der physischen Welt zwischen Geburt und Tod zu dem machen, was wir als Menschen sind. Und indem wir solche Erkenntniswege antreten, wie ich sie charakterisiert habe, werden wir gewahr, wie wir aus der äußeren Welt heraus organisiert werden. Wir verfolgen bewusst, was in uns leibt und lebt, indem wir vor allen Dingen nun einen deutlichen Sinn dafür bekommen, dass in der Außenwelt Geist vorhanden ist. Gerade durch die Phänomenologie gelangen wir dazu, deutlich zu sehen, wie in der Außenwelt Geist ist. Nicht wenn wir eine abstrakte Metaphysik treiben, sondern gerade durch die Phänomenologie gelangen wir zu der Erkenntnis des Geistes, indem wir wahrnehmen, wenn wir das zur Bewusstheit erheben, was wir sonst unbewusst tun, indem wir wahrnehmen, wie durch die Sinneswelt das Geistige in uns eindringt und uns selber organisiert.

Ich habe Ihnen gestern gesagt, dass der orientalische Weise gewissermaßen außer Acht lässt die Bedeutung des Gesprochenen, die Bedeutung des Gedachten, die Bedeutung der Ich-Wahrnehmung und anders diese Dinge empfindet, andere Seelenverhältnisse zu diesen Dingen, zu der Sprache eingeht, weil Sprache, Gedankenwahrnehmung, Ich-Wahrnehmung zunächst ablenken von der geistigen Welt und uns hinüberlenken sozial zu dem andern Menschen. Gewissermaßen erkaufen wir uns im gewöhnlichen physischen Leben das Dasein in der sozialen Welt dadurch, dass wir die Sprache durchhörig machen, die Gedanken durchsichtig machen, die Ich-Wahrnehmung durchfühlbar machen. Der orientalische Weise nahm wiederum die Undurchhörbarkeit des Wortes hin und lebte in dem Worte. Er nahm die Undurchsichtigkeit des Gedankens hin und lebte in dem Gedanken und so weiter. Wir im Abendlande sind mehr darauf angewiesen, bei dem Wege in die übersinnlichen Welten auf den Menschen zurückzusehen.

Da wollen wir uns erinnern, wie ja der Mensch eine gewisse Art von Sinnesorganisation auch in seinem Inneren trägt. Ich habe schon ausgeführt, wie der Mensch drei Sinne in seinem Inneren hat, durch die er sein Inneres geradeso wahrnimmt, wie wir sonst das Äußere wahrnehmen. Wir haben einen Gleichgewichtssinn, durch den wir uns in der uns als Menschen angemessenen Raumeslage erfühlen und dadurch mit dem Willen darinnen arbeiten können. Wir haben einen Bewegungssinn, durch den wir wissen, auch wenn wir im Dunkeln uns bewegen, durch inneres Erfühlen, dass wir uns bewegen, nicht bloß, dass wir etwa unsere eigenen Bewegungen an den andern Gegenständen wahrnehmen, an denen wir vorbeigehen. Wir haben einen Bewegungssinn. Und wir haben einen Lebenssinn, durch den wir unser Gesamtbefinden, unsere gewissermaßen innere Lebenssituation fortwährend im wechselnden

Zustande wahrnehmen. Diese drei inneren Sinne, die arbeiten zusammen mit dem Willen gerade in den ersten sieben Lebensjahren des Menschen. Er richtet sich nach dem Gleichgewichtssinn, wird von einem Wesen, das nicht gehen kann, das später nur kriechen kann, ein Wesen, das aufrecht stehen und gehen kann. Das ist ein von dem Gleichgewichtssinne vermitteltes Bewirken des aufrechten Ganges, das ist ein Hineinstellen in die Welt durch den Gleichgewichtssinn. Ebenso bilden wir uns zum vollen Menschentum aus durch den Bewegungssinn, durch den Lebenssinn. Wer nun beobachten kann mit derselben Objektivität, wie man im Laboratorium, im physikalischen Kabinett beobachtet, wie der Mensch sein Geistig-Seelisches und Physisches entwickelt, der wird schon sehen, dass dasjenige, was da den Menschen durchorganisiert hat, und was vorzugsweise lebte in den ersten sieben Lebensjahren durchorganisierend in ihm, dass sich das emanzipiert und dass es später schon von der Zeit des Zahnwechsels an eine etwas andere Gestalt annimmt. Da ist der Mensch nicht mehr, ich möchte sagen, so intensiv mit seinem Inneren verbunden wie das Kind. Das Kind ist intensiv mit seinem Inneren, mit dem menschlichen Gleichgewicht, mit der menschlichen Bewegung, mit dem menschlichen Leben verbunden. Aber es entwickelt sich gleichzeitig mit diesem Emanzipieren von Gleichgewicht, Bewegung, Leben noch etwas anderes. Es entwickelt sich eine gewisse Einstellung von drei andern Sinnen, von dem Sinn des Geruchs, von dem Sinn des Geschmacks und von dem Sinn des Tastens. Es ist außerordentlich interessant, in allen Einzelheiten zu beobachten, wie sich das Kind – das geschieht allerdings in einem früheren Lebensalter deutlich, aber es ist später auch noch für den, der sich dazu schult, deutlich genug wahrzunehmen –, wie sich das Kind allmählich hineinfindet in das Leben, orientiert durch den Geruchssinn, den Geschmackssinn, den Tastsinn, und wie in einer gewissen Weise, während der Mensch aus sich herausschiebt Gleichgewicht, Bewegung, Leben, er aber mehr in sich hineinzieht all das, was die Qualitäten des Geruchssinnes, des Geschmackssinnes, des Tastsinnes sind. Das eine wird gewissermaßen ausgeatmet, das andere wird eingeatmet in einer längeren Lebensepoche, sodass sich begegnen in unserem Organismus die von innen nach außen drängenden Kräfte des Gleichgewichts, der Bewegung, des Lebens; die von außen nach innen drängenden Qualitätsorientierungen des Riechens, des Schmeckens, des Tastens. Und das wird dadurch bewirkt, dass ineinanderdrängen die eine Dreiheit der Sinne, die andere Dreiheit der Sinne. Dadurch, dass sie ineinanderdrängen, entsteht ein festes Selbstbewusstsein im Menschen, dadurch erfühlt sich der Mensch gewissermaßen erst als ein rechtes Selbst. Und geradeso wie wir abgeschlossen sind von der äußeren Geistigkeit – zu Recht selbstverständlich, denn wir würden sonst im physischen Leben keine sozialen Wesen werden –, wie wir abgeschlossen sind von dieser Geistigkeit durch Sprache, durch Gedankenwahrnehmung, durch Ich-Wahrnehmung gegenüber den andern Menschen, so werden wir, indem gerade Geruchs-, Geschmacks- und Tastqualitäten entgegenwachsen dem Gleichgewicht, der Bewegung, dem Leben, so werden wir nach innen abgeschnitten von dieser Dreiheit Leben, Bewegung und Gleichgewicht, die sich uns sonst unmittelbar enthüllen würden. Es lagern sich gewissermaßen die Erfahrungen des Geruchssinnes, des Geschmackssinnes, des Tastsinnes vor dasjenige, was wir erfahren würden an Gleichgewichtssinn, an Bewegungssinn, an Lebenssinn. Und darin besteht das Ergebnis jener Entwicklung zur Imagination, von der ich gesprochen habe, dass wir ebenso, wie der Orientale haltmacht bei der Sprache, um in ihr zu leben, haltmacht bei dem Gedanken, um in ihm zu leben, haltmacht bei der Ich-Wahrnehmung, um in ihr zu leben, um so in die geistige Welt nach außen hin hineinzudringen, gerade so, wie er haltmacht, wir durch die Imagination, indem wir gerade die äußere Wahrnehmung gewissermaßen vorstellunglos einsaugen, dazu gelangen, gewissermaßen jetzt die entgegengesetzte Tätigkeit auszuüben von der, die der Orientale gegenüber Sprache, Gedankenwahrnehmung und Ich-Wahrnehmung ausübt. Er bleibt bei ihnen stehen. Er lebt sich in sie hinein. Der zur Imagination Strebende windet sich durch Geruch, Geschmack und Tastwahrnehmung hindurch, er dringt in das Innere hinein, sodass ihm dann, indem er unbehelligt bleibt von Geruchswahrnehmung, Tastwahrnehmung, Geschmackswahrnehmung, entgegentritt dasjenige, was zu erleben ist mit Gleichgewicht, Bewegung und Leben.

Das ist ein großer Moment, wenn man durch all das durchdringt, was ich charakterisiert habe als die Sinnesdreiheit des Geschmacks-, des Geruchs-, des Tastsinns, und gewissermaßen nackt vor sich hat, was in Bewegung, in Gleichgewicht und in Leben da ist.

Es ist interessant zu verfolgen gerade nach solch einer Vorbereitung dasjenige, was so oftmals von abendländischer Mystik dargeboten wird. Gewiss, ich bin weit, ganz weit davon entfernt, das Poetische, das Schöne, das Fantasievolle mancher Mystiken zu verkennen. Gewiss, ich bewundere dasjenige, was zum Beispiel die *heilige Therese* dargeboten hat, *Mechthild von Magdeburg* und andere, selbst der *Meister Eckhart* und *Johannes Tauler.* Aber für denjenigen, der ein wahrer Geistesforscher ist, für den enthüllt sich das alles, es enthüllt sich all das, was entsteht, wenn man den Weg nach dem Inneren macht und nicht durchdringt durch die Region des Riechens, des Schmeckens, des Tastens. Lesen Sie einmal bei einzelnen Leuten, die besonders deutlich beschrieben haben das, was sie auf diese Weise erlebt haben. Sie reden von einem Schmecken des Inneren, von einem Schmecken in Bezug auf dasjenige, was sich als Geistig-Seelisches im Inneren des Menschen auslebt; sie reden auch von einem Riechen, und von einem Tasten reden sie in einem gewissen Sinne. Und derjenige, der richtig zu lesen versteht, er wird gerade bei einer Mechthild von Magdeburg zum Beispiel oder bei einer heiligen Therese ganz deutlich sehen: Die gehen diesen Weg nach innen, aber sie kommen durch Riechen, Schmecken und Tasten nicht hindurch. Sie beschreiben zwar in schönen poetischen Bildern, aber doch nur dasjenige, was da heißt, man beriecht sich innerlich, man erschmeckt sich innerlich, man betastet sich innerlich.

Ja, die wahre Gestalt der Wirklichkeit zu sehen mit geistig wirklich entwickeltem Sinn, das ist nicht so angenehm, als sich erzählen zu lassen von einer wollüstigen Mystik – denn wollüstig ist sie doch –, die im Grunde genommen nur befriedigt einen raffinierten, nach innen gehenden Seelenegoismus. Wie gesagt, so bewundern, wie sie nur irgend sonst bewundert wird, kann ich schon diese Mystik auch, aber wissen muss man als wirklicher Geistesforscher, dass diese Mystik auf halbem Wege stehen bleibt, dass dasjenige, was in den schönen poetischen Bildern der Mechthild von Magdeburg und so weiter zum Vorschein kommt, der heiligen Therese, in Wirklichkeit doch nichts anderes ist als dasjenige, was man erriecht, erschmeckt, ertastet, bevor man zum wirklichen Inneren vordringt. Die Wahrheit ist unter Umständen unangenehm, vielleicht zuweilen grausam. Aber der heutigen Menschheit ziemt es sich nicht, seelisch rachitisch zu werden durch eine nebulose, unvollkommene Mystik. Der heutigen Zeit ziemt es sich allein, mit starker Geisteskraft in das wirkliche, menschliche Innere hineinzukommen, mit jener Stärke, die wir nicht umsonst für die äußere Welt viel mehr diszipliniert erlangt haben in der Naturwissenschaft. Diese Naturwissenschaft wird nicht verkannt. Diese Naturwissenschaft wird aufgenommen gerade nach ihrer disziplinierenden und methodischen Seite hin. Und gerade wenn man diese Naturwissenschaft sich angeeignet hat, dann weiß man auch auf der einen Seite zwar in der richtigen Art zu würdigen dasjenige, was von einer nebulosen Mystik kommt, aber man weiß auch, dass diese nebulose Mystik nicht dasjenige ist, was heute von einer geisteswissenschaftlichen Strömung getrieben werden darf, sondern dass von dieser geisteswissenschaftlichen Strömung klares Erfassen der eigenen menschlichen Wesenheit gesucht werden muss, damit dadurch klares geistiges Erfassen der Außenwelt zustande kommt.

Ich weiß, wenn ich nicht so spräche, wie ich der Wahrheit gemäß sprechen muss, ich könnte hinter mir haben alle die schwafelnden, nebulosen Mystiker, die die Mystik erstreben aus dem Grunde, um innerliche seelische Wollust zu befriedigen. Aber nicht darum kann es sich handeln in demjenigen, was von hier aus getrieben wird, sondern lediglich darum kann es sich handeln, Kräfte für das Leben zu finden, Kräfte, die als Geisteskräfte in unser wissenschaftliches und in unser soziales Leben hineinkommen können.

Wenn man so vorgedrungen ist bis zu dem, was im Gleichgewichtssinn, im Lebenssinn, im Bewegungssinn lebt, dann ist man zu dem gekommen, was man zunächst wegen seiner Durchsichtigkeit als die wahre innere Wesenheit des Menschen erlebt. Man weiß aus der Beschaffenheit der Sache selbst: Jetzt kann man nicht mehr tiefer hineinkommen. Aber man hat auch dann zunächst reichlich genug. Denn dasjenige, was die nebulosen Mystiker träumen, das findet man nicht. Aber man findet eine wirkliche Organologie, und man findet vor allen Dingen in seinem Inneren das wahre Wesen desjenigen, was im Gleichgewichte ist, was in Bewegung ist, was von Leben durchströmt ist. Das findet man in seinem Inneren.

Und dann, wenn man dies durchgemacht hat, dann ist etwas ganz Eigentümliches eingetreten. Dann bemerkt man zur rechten Zeit etwas. Ich habe ja vorausgesetzt, dass man vorher die «Philosophie der Freiheit» gedanklich durchgearbeitet hat. Man hat sie dann sozusagen stehen gelassen, und man hat den Weg der Kontemplation, der Meditation nach dem Inneren genommen. Man ist vorgedrungen bis zum Gleichgewicht, bis zur Bewegung, bis zum Leben. Man lebt in diesem Leben, in diesem Gleichgewicht, in dieser Bewegung. Und ganz parallel laufend, ohne dass wir etwas anderes getan haben, als dass wir diesen kontemplativen, diesen meditativen Weg gegangen sind, ganz parallel laufend ist jetzt aus unserer Gedankenarbeit gegenüber der «Philosophie der Freiheit» etwas ganz anderes geworden, das heißt dasjenige, was durch eine solche Philosophie der Freiheit im reinen Denken erlebt werden kann, das ist nun dadurch, dass wir auf einem ganz andern Gebiete innerlich seelisch gearbeitet haben, etwas ganz anderes geworden. Das ist voller geworden, inhaltschwerer geworden. Und während wir auf der einen Seite in unser Inneres gedrungen sind, die Imagination vertieft haben, haben wir dasjenige, was wir eigentlich erreicht haben durch die Gedankenarbeit in der «Philosophie der Freiheit», aus dem gewöhnlichen Bewusstsein herausgeholt. Wir haben aus Gedanken, die vorher mehr oder weniger abstrakt im reinen Denken geschwebt haben, inhaltsvolle Kräfte gemacht, die jetzt in unserem Bewusstsein leben, und es ist Inspiration geworden, was früher reiner Gedanke war. Wir haben die Imagination ausgebildet, und das reine Denken ist zur Inspiration geworden. Und indem wir auf diesem Wege fortschreiten, gelangen wir dazu, jetzt auseinanderhalten zu können – denn wir haben es auf zwei voneinander streng zu unterscheidenden Wegen gewonnen – dasjenige, was wir aus dem reinen Denken heraus bekommen als Inspiration, das Leben, das auf niederer Stufe ein Denken ist, dann ein zur Inspiration erhobenes Denken, und auf der andern Seite dasjenige, was wir erleben als Gleichgewichtszustand, als Bewegungszustand, Lebenszustand. Und wir können jetzt die beiden Erlebnisse, die beiden Erlebnisarten miteinander verbinden. Wir können das Äußere mit dem Inneren verbinden. Wir kommen wiederum durch die Verbindung von Inspiration und Imagination zur Intuition. Was haben wir da eigentlich vollzogen? Nun, das will ich Ihnen noch von einer andern Seite her charakterisieren. Da muss ich aber zunächst darauf aufmerksam machen, wie der Orientale weiter aufsteigt, nachdem er sich mantrisch gebildet hat, nachdem er in der Sprache, in dem Worte gelebt hat, dann dazu übergeht, nicht nur in dem Rhythmus des Sprachlichen zu leben, sondern dazu übergeht, in einer gewissen Weise bewusst den Atmungsprozess zu erleben, ja den Atmungsprozess in einer gewissen Weise künstlich zu erleben, indem er ihn variiert in der verschiedensten Weise. Das ist für ihn eine nächsthöhere Stufe – wiederum nicht anwendbar unmittelbar auf unser Abendland. Was erlangt denn der orientalische Yogaschüler, indem er sich dem bewussten und regulierten, vermannigfaltigten Atmen hingibt? Oh, er erlebt dann im Einatmen etwas sehr Merkwürdiges. Er erlebt im Einatmen dasjenige, was in der Luft ist, wenn wir sie nicht bloß physisch auffassen, sondern wenn wir sie mit uns verbinden und dadurch sie geistig auffassen können. Im Einatmen erlebt der Mensch, der zu einem wirklichen Yogaschüler wird, dasjenige, was ihn durchorganisiert, geistig durchorganisiert, was seine Aufgabe nicht erschöpft hat in diesem Leben bis zum Tode, sondern was, durch die Geistigkeit der äußeren Luft in uns hereinkommend, in uns etwas erzeugt, das durch die Pforte des Todes durchgeht. Bewusst den Einatmungsprozess erleben, heißt, dasjenige in sich erleben, was ein Dauerndes ist, wenn der Leib abgelegt wird. Denn bewusst den Atmungsprozess erleben, das heißt, die Reaktion des Inneren auf die Einatmung erleben, das heißt, dasjenige erleben, was in unserem geistig-seelischen Dasein vorangegangen ist unserer Geburt, oder sagen wir unserer Empfängnis, was mitgearbeitet hat schon an unserer embryonalen Gestaltung, was dann weiter gearbeitet hat in unserer Kindheit innerhalb unserer Organisation. Bewusst den Atmungsprozess erfassen, das heißt, sich erfassen jenseits von Geburt und Tod. Das Vorrücken von dem Erleben des Spruches, des Wortes zum Erleben des Atmungsprozesses hieß, weiter sich hineinleben in das inspirierte Erfassen des Ewigen im Menschen. Wir Abendländer müssen gewissermaßen dasselbe in einer andern Sphäre erleben.

Was ist denn eigentlich der Wahrnehmungsprozess? Der Wahrnehmungsprozess ist nämlich nichts anderes als ein modifizierter Einatmungsprozess. Indem wir die Luft einatmen, drückt diese Luft auf unser Zwerchfell, auf unsere ganze Organisation. Es wird das Gehirnwasser durch den Rückenmarkskanal nach aufwärts nach dem Gehirn gedrängt. Dadurch wird eine Verbindung hergestellt zwischen der Gehirntätigkeit und dem Einatmen. Und dasjenige, was sich vom Einatmungsprozess auf diese Weise im Gehirn spezialisiert, das wirkt in der Sinnestätigkeit als Wahrnehmen. Sodass, ich möchte sagen, ein Ast des Einatmens das Wahrnehmen ist. Dann wiederum beim Ausatmen: Das Gehirnwasser geht hinunter, es drückt auf den Blutkreislauf. Es ist das Hinuntersteigen des Gehirnwassers verbunden mit der Willenstätigkeit, und das wiederum verbunden mit dem Ausatmen. Aber derjenige, der die «Philosophie der Freiheit» wirklich studiert, wird finden, dass in jenem Denken, das wir als das reine Denken erreichen, Wille und Denken zusammenfallen. Das reine Denken ist im Grunde eine Willensäußerung. Daher wird dasjenige, was Denken ist, was reines Denken ist, nun verwandt mit dem, was der Orientale erlebte im Ausatmungsprozess. Es ist verwandt das reine Denken mit dem Ausatmungsprozess, so wie das Wahrnehmen verwandt ist mit dem Einatmungsprozess. Wir müssen gewissermaßen mehr zurückgeschoben nach dem Inneren des Menschen denselben Prozess durchmachen, den der Orientale durchmacht mit seiner Yogaphilosophie. Diese Yogaphilosophie geht auf ein reguliertes Einatmen, Ausatmen, und ergreift so das Ewige im Menschen. Der Abendländer, was kann er tun? Er kann klar für sich seelisch zum Erlebnis machen auf der einen Seite die Wahrnehmung, auf der andern Seite das Denken. Und er kann dasjenige, was sonst abstrakt und formhaft nur in Ruhe verbunden wird, Wahrnehmen und Denken, in innerem Erleben verbinden, sodass er innerlich geistig-seelisch erlebt, was man physisch erlebt bei Einatmen, Ausatmen. Physisch erlebt man Einatmung, Ausatmung; in ihrem Zusammenklang erlebt man bewusst das Ewige. Im gewöhnlichen Erleben erlebt man die Wahrnehmung, das Denken. Indem man beweglich macht sein seelisches Leben, erlebt man den Pendelschlag, den Rhythmus, das fortwährende Ineinandervibrieren von Wahrnehmen und Denken. Und wie sich eine höhere Wirklichkeit in Einatmung und Ausatmung für den Orientalen entwickelt, so entwickelt sich, indem der Okzidentale in sich den lebendigen Prozess der modifizierten Einatmung im Wahrnehmen, der modifizierten Ausatmung im reinen Denken entwickelt, indem er Begriff, Denken und Wahrnehmung ineinanderwebt, gewissermaßen ein geistig-seelisches Atmen anstelle des physischen Atmens der Yogaphilosophie. Und er zwingt sich auch allmählich hinauf durch diesen rhythmischen Schlag, durch dieses rhythmische Eratmen in Wahrnehmung und Denken zu der wahren geistigen Wirklichkeit in Imagination und Inspiration und Intuition. Und als ich in meiner «Philosophie der Freiheit» eben zunächst nur philosophisch darauf hindeutete, dass sich die wahre Wirklichkeit ergibt aus dem Ineinanderschlagen von Wahrnehmung und Denken, sollte, weil eben gerade diese «Philosophie der Freiheit» als innere Seelenkultur gedacht war, hingewiesen werden auf dasjenige, was der Mensch als Abendländer üben muss, um in die Geisteswelt selber hineinzukommen. Der Orientale sagt: Systole, Diastole; Einatmung, Ausatmung. – Der Abendländer muss an die Stelle setzen: Wahrnehmung, Denken. Der Morgenländer sagt: Ausbilden des physischen Atmens –; der Abendländer sagt: Ausbilden des geistig-seelischen Atmens in dem Erkenntnisprozess durch Wahrnehmen und Denken.

(3. Oktober 1920)

VII DIE WAHRNEHMUNG INTENSIVIEREN

Nun, ein Zweites, was der Mensch dann in seinem inneren Seelenleben entwickeln kann, das ist, wenn er nicht in den Gedanken, die von außen angeregt sind, zunächst so fortspinnt und fortwebt, sondern wenn er sich seinen Erinnerungen überlässt. Wenn der Mensch sich seinen Erinnerungen überlässt und das wirklich innerlich macht, so ergibt das wiederum ein ganz bestimmtes Erlebnis. Das Denk-Erlebnis, das ich eben geschildert habe, das führt einen eigentlich zunächst auf sich selbst; man erfasst sich selbst. Und man hat eine gewisse Befriedigung in diesem Sich-selbst-Erfassen. Wenn man übergeht zu dem Erleben in der Erinnerung, dann wird es zuletzt, wenn man recht innerlich dabei vorgeht, doch so, dass einem das wichtigste Gefühlserlebnis nicht das ist, an sich heranzukommen. Das ist es einem beim Denken; deshalb findet man im Verlaufe dieses Denkens die Freiheit, die ganz von dem Persönlichen des Menschen abhängt. Und deshalb muss eine Freiheitsphilosophie ausgehen von dem Denk-Erlebnis, denn durch das Denk-Erlebnis kommt der Mensch an sich selber heran, findet sich als freie Persönlichkeit. So ist es nicht mit dem Erinnerungserlebnis. Mit dem Erinnerungserlebnis ist es so, dass man zuletzt, wenn man es ganz ernst zu nehmen vermag, wenn man sich ganz hineinzuversetzen vermag, dazu kommt, das Gefühl zu haben: sich eigentlich loszuwerden, wegzukommen von sich. Deshalb sind diejenigen Erinnerungen, die einen die Gegenwart vergessen lassen, die allerbefriedigendsten. Ich will nicht sagen, dass sie immer die besten sind, aber sie sind in vielen Fällen die befriedigendsten.

Man bekommt so recht einen Begriff von dem Werte des Erinnerns, wenn man auch Erinnerungen haben kann, die einen in die Welt tragen, trotzdem man mit der Gegenwart voll und ganz unzufrieden sein könnte, aus der Gegenwart eigentlich herauswill. Wenn man solche Erinnerungen entwickeln kann, dass man sich gesteigert in seinem Lebensgefühl empfindet, indem man sich seinen Erinnerungen hingibt, so gibt das, ich möchte sagen, als Gefühl eine Vorbereitung zu dem, was die Erinnerung werden kann, wenn sie noch viel realer wird.

Sehen Sie, die Erinnerung kann realer werden dadurch, dass Sie mit möglichster Realität etwas an sich heranbringen, was Sie vor Jahren oder Jahrzehnten tatsächlich erlebt haben. Ich will es nur, wie es ist, ausdrücken. Nehmen Sie einmal an, Sie gehen an Ihre alten Habseligkeiten und versuchen, sagen wir, Briefe, die Sie in irgendeiner Angelegenheit zusammenhängend geschrieben haben, hervorzusuchen. Sie legen diese Briefe vor sich hin und leben sich an Hand dieser Briefe in die Vergangenheit hinein. Oder viel besser noch ist es, Sie nehmen nicht Briefe, die Sie selber geschrieben haben oder die Ihnen andere geschrieben haben, denn da kommt immer noch zu viel Subjektives hinein; noch besser wäre es, wenn Sie imstande wären, zum Beispiel Ihre alten Schulbücher zu nehmen und in diese alten Schulbücher so hineinzugucken, wie Sie dazumal hineingeguckt haben, als Sie eben noch wirklich als Pennäler über diesen Schulbüchern saßen; wenn Sie also tatsächlich in Ihr Leben etwas heraufbringen, was einmal war. Das ist nämlich ganz merkwürdig: Wenn Sie so etwas ausführen, so ändern Sie Ihre ganze Seelenstimmung, wie diese Seelenstimmung in der Gegenwart ist. Es ist sehr merkwürdig. Und sehen Sie, Sie müssen nur in dieser Beziehung ein klein wenig erfinderisch sein; es kann alles dazu dienen. Vielleicht findet eine Dame irgendwo in einer Ecke irgendein Kleid, das sie vor zwanzig Jahren getragen hat, oder irgendetwas Ähnliches, und sie zieht sich das an und versetzt sich dadurch ganz in die Lage, in der sie dazumal war; also irgendetwas, was die Vergangenheit in möglichster Realität hereinbringt in die Gegenwart. Dadurch kommen Sie dazu, das gegenwärtige Erleben stark von sich abzusondern.

Wenn man mit dem gewöhnlichen Bewusstsein erlebt, so steht man sich ja eigentlich in dem Erleben zu nahe, um es zu etwas zu bringen, möchte ich sagen. Man muss sich ferner stehen können. Nun, der Mensch steht sich ferner, wenn er schläft, als wenn er wacht; denn da ist er mit seinem Ich und mit seinem astralischen Leib aus dem physischen Leib und aus dem Ätherleib heraußen. Diesem astralischen Leib, der außerhalb des physischen Leibes im Schlafe ist, dem kommen Sie nahe, wenn Sie so real, wie ich es geschildert habe, vergangene Erlebnisse in die Gegenwart heraufrufen. Nun werden Sie das zunächst ja nicht glauben, weil Sie einer so unbedeutenden Sache, wie dem Regemachen von vergangenen Erlebnissen, meinetwillen mit einem alten Kleide, eine solche starke Wirkung nicht zuschreiben. Aber es handelt sich wirklich darum, dass man in diesen Dingen einmal eine Probe macht. Und wenn Sie die Probe machen, und Sie wirklich Alterlebtes in die Gegenwart heraufzaubern, sodass Sie darinnen leben und die Gegenwart ganz vergessen können, so werden Sie sehen, dass Sie Ihrem Astralleibe, Ihrem schlafenden Astralleibe nahekommen.

Wenn Sie aber das in der Weise erwarten, dass Sie nun nur so hinzuschauen brauchen, nach rechts oder links, und da eine Nebelgestalt als Ihren astralischen Leib sehen, dann werden Sie sich täuschen; so gehen die Sachen nicht vor sich. Aber Sie müssen achtgeben auf das, was wirklich eintritt. Etwas, was wirklich eintritt in einem solchen Falle, das wird zum Beispiel sein, dass Sie nach und nach durch solche Erlebnisse die Morgenröte ganz anders sehen, als Sie sie vorher gesehen haben, dass Sie einen Sonnenaufgang ganz anders empfinden, als Sie ihn vorher empfunden haben. Sie werden nach und nach auf diesem Wege dazu kommen, die Wärme der Morgenröte als etwas zu empfinden, was ankündigend ist, was gewissermaßen eine prophetische, eine naturhaft prophetische Kraft in sich hat. Sie werden beginnen, die Morgenröte als etwas geistig Kraftvolles zu empfinden, und Sie werden einen innerlichen Sinn mit diesem prophetisch Kraftvollen verbinden können, indem Sie, was Sie zuerst ja für eine Illusion ansehen mögen, die Empfindung bekommen: Die Morgenröte hat etwas mit Ihnen selbst Verwandtes. Sie werden sich gerade durch solche Erlebnisse, wie ich sie geschildert habe, in den Stand versetzen können, zu empfinden, wenn Sie die Morgenröte schauen: Ja, diese Morgenröte lässt mich ja nicht allein. Sie ist nicht bloß dort, und ich bin nicht bloß da. Ich bin innig verbunden mit dieser Morgenröte. Sie ist eine Gemütseigenschaft von mir; ich bin in diesem Momente selber Morgenröte. – Und wenn Sie sich so mit der Morgenröte verbunden haben, dass Sie gewissermaßen selber das farbige Aufstrahlen und Aufglänzen, das Sich-heraus-Entwickeln der Sonne aus dem farbigen Aufstrahlen und Aufglänzen so erleben, dass in Ihrem Herzen eine Sonne aus Morgenröte in lebendiger Empfindung hervorgeht, dann bekommen Sie auch die Vorstellung, dass Sie mit der Sonne über das Himmelsgewölbe ziehen, dass die Sonne Sie nicht allein lässt, dass die Sonne nicht dort ist und Sie da, sondern dass sich Ihr Dasein in einer gewissen Weise bis zum Sonnendasein hin erstreckt; dass Sie mit dem Lichte den Tag hindurch wandeln.

Wenn Sie aber diese Empfindung entwickeln, die man – wie gesagt, nicht aus dem Denken, da kommt man an den Menschen heran –, die man aber aus der Erinnerung heraus auf die angedeutete Weise entwickeln kann, wenn Sie diese Erlebnisse aus der Erinnerung heraus, besser gesagt aus der Kraft der Erinnerung heraus entwickeln, dann beginnen die Dinge, die Sie sonst mit Ihren physischen Sinnen wahrgenommen haben, ein anderes Antlitz zu haben: Die Dinge beginnen geistig-seelisch durchsichtig zu werden. Es ist so, wenn man nur einmal die Empfindung erlangt hat, mit der Sonne zu gehen, in der Morgenröte die Kraft gewonnen hat, um mit der Sonne zu gehen, dass man dann alle Blumen auf der Wiese anders sieht. Die Blüten bleiben nicht dabei stehen, einem ihre gelben oder roten Farben zu zeigen, die an ihrer Oberfläche sind, sondern die Blüten beginnen zu sprechen, auf geistige Art zu unserem Seelischen zu sprechen. Die Blüte wird durchsichtig. Innerlich regt sich ein Geistiges der Pflanze, und das Blühen wird etwas wie ein Sprechen. Und man verbindet in dieser Weise tatsächlich seine Seele dann auch mit dem äußeren Naturdasein. Man bekommt auf diese Weise den Eindruck, dass hinter diesem Naturdasein etwas ist, dass das Licht, mit dem man sich verbunden hat, von geistigen Wesenheiten getragen ist. Und man erkennt in diesen geistigen Wesenheiten nach und nach die Züge dessen, was geschildert wird von Anthroposophie.

[...]

Und nun könnte man glauben, das setzte sich einfach so fort, man käme eben noch weiter hinaus, wenn man nun weitergeht vom Denken, vom Denkerlebnis bis zum Erinnerungserlebnis. Das ist aber nicht so, sondern es ist anders. Wenn Sie dieses Denkerlebnis wirklich in sich entwickeln, haben Sie ja durch das Denkerlebnis zuletzt den Eindruck der dritten Hierarchie: Angeloi, Archangeloi, Archai. So wie Sie sich in der Schwere, in der Verarbeitung der Nahrungsmittel durch die Verdauung und so weiter das menschliche körperliche Erlebnis hier auf Erden vorstellen können, so können Sie sich die Bedingungen, unter denen die Wesen der dritten Hierarchie leben, vorstellen, wenn Sie durch dieses Denkerlebnis, statt dass Sie auf der Erde herumgehen, sich fühlen als getragen von Kräften, die da aus dem Weltenende an Sie herankommen.

Denkerlebnis: Dritte Hierarchie

Nun, wenn man aber vom Denkerlebnis zum Erinnerungserlebnis übergeht, so ist es nicht so, dass man nun etwa, wenn das hier das Weltensphären-Ende wäre, bis zu dem hin erleben kann. Man kann ein solches Weltenende, wenn man in die Wirklichkeit dieses Denkerlebnisses eintritt, erreichen; dann kommt man nicht noch weiter hinaus, sondern dann stellt sich die Sache anders dar. Dann ist zum Beispiel hier irgendein Gegenstand: ein Kristall, eine Blume, ein Tier. Geht man vom Denkerlebnis zu dem über, was einem das Erinnerungserlebnis alles bringen kann, dann schaut man in dieses Ding hinein.

Der Blick, der bis zu den Weltenweiten gegangen ist, wenn er sich fortsetzt durch das Erinnerungserlebnis, sieht in die Dinge hinein. Also nicht, dass Sie noch weiter hinausdringen in unbestimmte abstrakte Weiten, sondern der fortgesetzte Blick, der sieht in die Dinge hinein; er sieht das Geistige in allen Dingen. Er sieht zum Beispiel im Lichte die wirkenden geistigen Wesenheiten des Lichtes und so weiter; er sieht in der Finsternis die in der Finsternis wirksamen geistigen Wesenheiten. Sodass wir sagen können: Das Erinnerungserlebnis, das führt in die zweite Hierarchie hinein.

Erinnerungserlebnis: Zweite Hierarchie

(23. November 1923)

VIII DIE LÄUTERUNG DES GEDANKEN- UND GEFÜHLSLEBENS

Wenn der Mensch seine Ausbildung in Bezug auf Gefühle, Gedanken und Stimmungen so durchmacht, wie dies in den Kapiteln über Vorbereitung, Erleuchtung und Einweihung beschrieben worden ist, so bewirkt er in seiner Seele und in seinem Geist eine ähnliche Gliederung, wie sie die Natur in seinem physischen Leibe bewirkt hat. Vor dieser Ausbildung sind Seele und Geist ungegliederte Massen. Der Hellseher nimmt sie wahr als ineinandergreifende, spiralige Nebelwirbel, die vorzugsweise wie rötliche und rötlich braune oder auch rötlich gelbe Farben matt glimmend empfunden werden; nach der Ausbildung beginnen sie wie die gelblich grünen, grünlich blauen Farben geistig zu erglänzen und zeigen einen regelmäßigen Bau. Der Mensch gelangt zu solcher Regelmäßigkeit und damit zu höheren Erkenntnissen, wenn er in seine Gefühle, Gedanken und Stimmungen solche Ordnung bringt, wie sie die Natur in seine körperlichen Verrichtungen gebracht hat, sodass er sehen, hören, verdauen, atmen, sprechen usw. kann. – Mit der Seele atmen und sehen usw., mit dem Geiste hören und sprechen usw. lernt der Geheimschüler allmählich.

Es sollen hier nur noch einige *praktische* Gesichtspunkte genauer ausgeführt werden, die zur höheren Seelen- und Geisteserziehung gehören. Es sind solche, die im Grunde jeder, ohne auf andere Regeln Rücksicht zu nehmen, befolgen kann und durch die er in der Geheimwissenschaft eine Strecke weit gelangt.

Eine besondere Ausbildung muss man in der *Geduld* anstreben. Jede Regung der Ungeduld wirkt lähmend, ja ertötend auf die im Menschen schlummernden höheren

Fähigkeiten. Man soll nicht verlangen, dass sich von heute auf morgen unermessliche Einblicke in die höheren Welten eröffnen. Denn dann kommen sie in der Regel ganz gewiss nicht; Zufriedenheit mit dem Geringsten, das man erreicht, Ruhe und Gelassenheit sollen sich der Seele immer mehr bemächtigen. – Es ist ja begreiflich, dass der Lernende ungeduldig die Ergebnisse erwartet. Dennoch erlangt er nichts, solange er diese Ungeduld nicht bemeistert. Es nützt auch nichts, wenn man diese Ungeduld nur in gewöhnlichem Sinne des Wortes bekämpft. Dann wird sie nur umso stärker. Man täuscht sich dann über sie hinweg, und in den Tiefen der Seele sitzt sie nur umso stärker. Nur wenn man sich einem ganz bestimmten Gedanken immer wieder hingibt, ihn ganz sich zu eigen macht, erreicht man etwas. Dieser Gedanke ist: «Ich muss zwar alles tun zu meiner Seelen- und Geistesausbildung; aber *ich werde* ganz ruhig *warten,* bis ich von höheren Mächten für würdig befunden werde zu bestimmter Erleuchtung.» Wird dieser Gedanke im Menschen so mächtig, dass er zur Charakteranlage sich gestaltet, dann ist man auf dem rechten Wege. Schon im Äußerlichen prägt sich dann diese Charakteranlage aus. Der Blick des Auges wird ruhig, die Bewegungen sicher, die Entschlüsse bestimmt, und alles, was man Nervosität nennt, weicht allmählich von dem Menschen. Scheinbar unbedeutende, kleine Regeln kommen dabei in Betracht. Z. B. es fügt uns jemand eine Beleidigung zu. Vor unserer Geheimerziehung wenden wir unser Gefühl gegen den Beleidiger. Ärger wallt in unserem Innern auf. In dem Geheimschüler aber steigt sofort bei einer solchen Gelegenheit der Gedanke auf: «Eine solche Beleidigung ändert nichts an meinem Werte»; und er tut dann, was gegen die Beleidigung zu unternehmen ist, mit Ruhe und Gelassenheit, nicht aus dem Ärger heraus. Es kommt natürlich nicht darauf an, etwa jede Beleidigung einfach hinzunehmen, sondern darauf, dass man so ruhig und sicher in der Ahndung einer Beleidigung der eigenen Person gegenüber ist, wie man wäre, wenn die Beleidigung einem anderen zugefügt worden wäre, bei dem man das Recht hat, sie zu ahnden. – Immer muss berücksichtigt werden, dass sich die Geheimschulung nicht in groben äußeren Vorgängen, sondern in feinen, stillen Umwandlungen des Gefühls- und Gedankenlebens vollzieht.

Geduld wirkt anziehend auf die Schätze des höheren Wissens. Ungeduld wirkt auf sie abstoßend. In Hast und Unruhe kann nichts auf den höheren Gebieten des Daseins erlangt werden. Vor allen Dingen müssen *Verlangen* und *Begierde* schweigen. Das sind Eigenschaften der Seele, vor denen sich alles höhere Wissen scheu zurückzieht. So wertvoll auch alle höhere Erkenntnis ist: Man darf sie nicht verlangen, wenn sie zu uns kommen soll. Wer sie haben will um seiner selbst willen, der erlangt sie nie. – Und das erfordert vor allem, dass man in tiefster Seele *wahr* gegen sich selbst sei. Man darf sich in nichts über sich selbst täuschen. Man muss seinen eigenen Fehlern, Schwächen und Untauglichkeiten mit innerer Wahrhaftigkeit ins Antlitz schauen. – In dem Augenblicke, wo du irgendeine deiner Schwächen vor dir selbst entschuldigst, hast du dir einen Stein hingelegt auf den Weg, der dich aufwärts führen soll. Solche Steine kannst du nur durch Selbstaufklärung über dich beseitigen. Es gibt nur *einen* Weg, seine Fehler und Schwächen abzulegen, und der ist: sie richtig zu erkennen. Alles schlummert in der Menschenseele und kann erweckt werden. Auch seinen Verstand und seine Vernunft kann der Mensch verbessern, wenn er sich in Ruhe und Gelassenheit darüber aufklärt, warum er in dieser Beziehung schwach ist. Solche Selbsterkenntnis ist natürlich schwierig, denn die Versuchung zur Täuschung über sich selbst ist eine unermesslich große. Wer sich an Wahrheit gegen sich selbst gewöhnt, öffnet sich die Pforten zu höherer Einsicht.

Schwinden muss beim Geheimschüler eine jegliche Neugierde. Er muss sich soviel wie möglich das Fragen abgewöhnen über Dinge, die er nur zur Befriedigung seines persönlichen Wissensdranges wissen will. Nur das soll er fragen, was ihm zur Vervollkommnung seiner Wesenheit im Dienste der Entwicklung dienen kann. Dabei soll in ihm aber die Freude, die Hingabe an das Wissen in keiner Weise gelähmt werden. Auf alles, was zu solchem Ziele dient, soll er andächtig hinhorchen und jede Gelegenheit zu solcher Andacht aufsuchen.

Insbesondere ist zur Geheimausbildung eine Erziehung des *Wunsch*lebens notwendig. Man soll nicht etwa wunschlos werden. Denn alles, was wir erreichen sollen, sollen wir ja auch wünschen. Und ein Wunsch wird immer in Erfüllung gehen, wenn hinter ihm eine ganz besondere Kraft steht. Diese Kraft kommt aus der richtigen *Erkenntnis*. «In keiner Art zu wünschen, bevor man das Richtige auf einem Gebiete erkannt hat», das ist eine der goldenen Regeln für den Geheimschüler. Der Weise lernt zuerst die Gesetze der Welt kennen, dann werden seine Wünsche zu Kräften, welche sich verwirklichen. – Ein Beispiel, das deutlich wirkt, soll hier angeführt werden. Gewiss wünschen viele, aus eigener Anschauung über ihr Leben vor ihrer Geburt etwas zu erfahren. Solcher Wunsch ist ganz zwecklos und ergebnislos, solange der Betreffende sich nicht die *Erkenntnis* der Gesetze durch geisteswissenschaftliches Studium angeeignet hat – und zwar in ihrem feinsten, intimsten Charakter – von dem Wesen des Ewigen. Hat er sich aber diese Erkenntnis wirklich erworben, und will er *dann* weiterkommen, so wird er es durch seinen veredelten, geläuterten Wunsch.

Es nützt auch nichts, zu sagen: Ja, ich will ja gerade mein vorhergehendes Leben übersehen und zu dem Zwecke eben lernen. Man muss vielmehr imstande sein, diesen Wunsch ganz fallen zu lassen, ganz von sich auszuschalten, und zunächst ganz ohne diese Absicht lernen. Man muss die Freude, die Hingebung an dem Gelernten entwickeln ohne die genannte Absicht. Denn nur dadurch lernt man zugleich den entsprechenden Wunsch so zu haben, dass er seine Erfüllung nach sich zieht.

*

Wenn ich *zornig* bin oder mich *ärgere,* so richte ich einen Wall in der Seelenwelt um mich auf, und die Kräfte können nicht an mich herantreten, welche meine seelischen Augen entwickeln sollen. Ärgert mich z. B. ein Mensch, so schickt er einen seelischen Strom in die Seelenwelt. Ich kann diesen Strom so lange nicht sehen, als ich noch fähig bin, mich zu ärgern. Mein Ärger verdeckt ihn mir. Nun darf ich auch nicht glauben, dass ich sofort eine seelische (astralische) Erscheinung haben werde, wenn ich mich nicht mehr ärgere. Denn dazu ist notwendig, dass sich erst in mir ein seelisches Auge entwickle. Aber die Anlage zu einem solchen Auge liegt in jedem Menschen. Es bleibt unwirksam, solange der Mensch fähig ist, sich zu ärgern. Aber es ist auch noch nicht sogleich da, wenn man ein wenig das Ärgern bekämpft hat. Man muss vielmehr fortfahren in dieser Bekämpfung des Ärgers und in Geduld immer wieder fortfahren; dann wird man eines Tages bemerken, dass sich dieses seelische Auge entwickelt hat. Allerdings ist nicht der Ärger das Einzige, was man zu solchem Ziele zu bekämpfen hat. Viele werden ungeduldig oder zweifelnd, weil sie jahrelang einige Eigenschaften der Seele bekämpft haben und das Hellsehen doch nicht eintritt. Sie haben dann eben einige Eigenschaften ausgebildet und andere umso mehr überwuchern lassen. Die Gabe des Hellsehens tritt erst dann ein, wenn alle Eigenschaften unterdrückt sind, welche die entsprechenden schlummernden Fähigkeiten nicht herauskommen lassen. Allerdings stellen sich Anfänge des Schauens (oder Hörens) schon früher ein; aber das sind zarte Pflänzchen, die leicht allem möglichen Irrtum unterworfen sind und die auch leicht absterben, wenn sie nicht sorgfältig weiter gehegt und gepflegt werden.

Zu den Eigenschaften, die z. B. ebenso bekämpft werden müssen wie Zorn und Ärger, gehören Furchtsamkeit, Aberglaube und Vorurteilssucht, Eitelkeit und Ehrgeiz, Neugierde und unnötige Mitteilungssucht, das Unterschied-Machen in Bezug auf Menschen nach äußerlichen Rang-, Geschlechts-, Stammeskennzeichen usw. In unserer Zeit wird man recht schwer begreifen, dass die Bekämpfung solcher Eigenschaften etwas zu tun habe mit der Erhöhung der Erkenntnisfähigkeit. Aber jeder Geheimwissenschafter weiß, dass von solchen Dingen viel mehr abhängt als von der Erweiterung der Intelligenz und von dem Anstellen künstlicher Übungen. Insbesondere kann leicht ein Missverständnis darüber entstehen, wenn manche glauben, dass man sich tollkühn machen solle, weil man furchtlos sein soll, dass man sich vor den Unterschieden der Menschen verschließen soll, weil man die Standes-, Rassen- usw. Vorurteile bekämpfen soll. Man lernt vielmehr erst richtig erkennen, wenn man nicht mehr in Vorurteilen befangen ist. Schon in gewöhnlichem Sinne ist es richtig, dass mich die Furcht vor einer Erscheinung hindert, sie klar zu beurteilen, dass mich ein Rassenvorurteil hindert, in eines Menschen Seele zu blicken. Diesen gewöhnlichen Sinn muss der Geheimschüler in großer Feinheit und Schärfe bei sich zur Entwicklung bringen.

Einen Stein in den Weg der Geheimerziehung wirft dem Menschen auch alles, was er sagt, ohne dass er es gründlich in seinem Gedanken geläutert hat. Und dabei muss etwas in Betracht kommen, was hier nur durch ein Beispiel erläutert werden kann. Wenn mir jemand z. B.

etwas sagt und ich habe darauf zu erwidern, so muss ich bemüht sein, des anderen Meinung, Gefühl, ja Vorurteil mehr zu beachten, als was ich im Augenblicke selbst zu der in Rede stehenden Sache zu sagen habe. Hiermit ist eine feine Taktausbildung angedeutet, welcher sich der Geheimschüler sorgfältig zu widmen hat. Er muss sich ein Urteil darüber aneignen, wie weit es für den anderen eine Bedeutung hat, wenn er der seinigen die eigene Meinung entgegenhält. Nicht zurückhalten soll man deshalb mit seiner Meinung. Davon kann nicht im Entferntesten die Rede sein. Aber man soll so genau als nur irgend möglich auf den anderen hinhören und aus dem, was man gehört hat, die Gestalt seiner eigenen Erwiderung formen. Immer wieder steigt in einem solchen Falle in dem Geheimschüler *ein* Gedanke auf; und er ist auf dem rechten Wege, wenn dieser Gedanke in ihm so lebt, dass er Charakteranlage geworden ist. Dies ist der Gedanke: «Nicht darauf kommt es an, dass ich etwas anderes meine als der andere, sondern darauf, dass der andere das Richtige aus Eigenem finden wird, wenn ich etwas dazu beitrage.» Durch solche und ähnliche Gedanken überströmt den Charakter und die Handlungsweise des Geheimschülers das Gepräge der *Milde,* die ein Hauptmittel aller Geheimschulung ist. *Härte* verscheucht um dich herum die Seelengebilde, die dein seelisches Auge erwecken sollen; *Milde* schafft dir die Hindernisse hinweg und öffnet deine Organe.

Und mit der *Milde* wird sich alsbald ein anderer Zug in der Seele ausbilden: Das ruhige *Achten* auf alle Feinheiten des seelischen Lebens in der Umgebung bei völliger *Schweigsamkeit* der eigenen Seelenregungen. Und hat es ein Mensch zu diesem gebracht, dann wirken die Seelenregungen seiner Umgebung auf ihn so ein, dass die eigene Seele wächst und wachsend sich gliedert, wie die Pflanze gedeiht im Sonnenlichte. Milde und Schweigsamkeit in wahrer Geduld öffnen die Seele der Seelenwelt, den Geist dem Geisterlande. – «Verharre in Ruhe und Abgeschlossenheit, schließe die Sinne für das, was sie dir vor deiner Geheimschulung überliefert haben, bringe alle Gedanken zum Stillstand, die nach deinen vorherigen Gewohnheiten in dir auf- und abwogten, werde ganz still und schweigsam in deinem Innern und warte in Geduld, dann fangen höhere Welten an, deine Seelenaugen und Geistesohren auszubilden. Du darfst nicht erwarten, dass du sogleich siehst und hörst in der Seelen- und Geisterwelt. Denn was du tust, trägt nur bei, deine höheren Sinne auszubilden. Seelisch sehen und geistig hören aber wirst du erst, wenn du diese Sinne haben wirst. Hast du eine Weile so in Ruhe und Abgeschlossenheit verharrt, so gehe an deine gewohnten Tagesgeschäfte, indem du dir vorher noch tief den Gedanken eingeprägt: Es wird mir einmal werden, was mir werden soll, wenn ich dazu reif bin. Und unterlasse es streng, etwas von den höheren Gewalten durch deine Willkür an dich zu ziehen.» Das sind Anweisungen, die jeder Geheimschüler von seinem Lehrer im Beginne des Weges erhält. Beobachtet er sie, dann vervollkommnet er sich. Beobachtet er sie nicht, dann ist alles Arbeiten vergebens. Aber sie sind nur für den schwierig, der nicht Geduld und Standhaftigkeit hat. Es gibt keine anderen

Hindernisse, als diejenigen sind, die sich ein *jeder selbst* in den Weg wirft und die auch jeder vermeiden kann, wenn er wirklich will. Das muss immer wieder betont werden, weil sich viele eine ganz falsche Vorstellung bilden über die Schwierigkeiten des Geheimpfades. Es ist in gewissem Sinne leichter, die ersten Stufen dieses Pfades zu überschreiten, als ohne Geheimschulung mit den alleralltäglichsten Schwierigkeiten des Lebens fertig zu werden. – Außerdem durften hier nur solche Dinge mitgeteilt werden, die von keinerlei Art von Gefahren begleitet sind für die körperliche und seelische Gesundheit. Es gibt ja auch andere Wege, die schneller zum Ziele führen; aber mit diesen hat, was hier gemeint ist, nichts zu tun, weil sie gewisse Wirkungen auf den Menschen haben können, die ein erfahrener Geheimkundiger nicht anstrebt. Da einiges von solchen Wegen doch immer wieder in die Öffentlichkeit dringt, so muss ausdrücklich davor gewarnt werden, sie zu betreten. Aus Gründen, die nur der Eingeweihte verstehen kann, können *diese* Wege nie in ihrer wahren Gestalt öffentlich bekannt gegeben werden. Und die Bruchstücke, die dort und da erscheinen, können zu nichts Gedeihlichem, wohl aber zur Untergrabung von Gesundheit, Glück und Seelenfrieden führen. Wer sich nicht ganz dunklen Mächten anvertrauen will, von deren wahrem Wesen und Ursprung er nichts wissen kann, der vermeide es, sich auf solche Dinge einzulassen.

Es kann noch einiges gesagt werden über die Umgebung, in welcher die Übungen der Geheimschulung vorgenommen werden sollen. Denn darauf kommt einiges an. Doch liegt die Sache fast für jeden Menschen anders. Wer in einer Umgebung übt, die nur von selbstsüchtigen Interessen, z. B. von dem modernen Kampfe ums Dasein, erfüllt ist, der muss sich bewusst sein, dass diese Interessen nicht ohne Einfluss bleiben auf die Ausbildung seiner seelischen Organe. Zwar sind die inneren Gesetze dieser Organe so stark, dass dieser Einfluss nicht ein allzu schädlicher werden kann. Sowenig eine Lilie durch eine noch so unangemessene Umgebung zu einer Distel werden kann, sowenig kann sich das seelische Auge zu etwas anderem bilden, als wozu es bestimmt ist, auch wenn die selbstsüchtigen Interessen der modernen Städte darauf einwirken. Aber gut ist es unter allen Umständen, wenn der Geheimschüler ab und zu den stillen Frieden und die innere Würde und Anmut der Natur zu seiner Umgebung macht. Besonders günstig liegt die Sache bei dem, der seine Geheimschulung ganz in der grünen Pflanzenwelt oder zwischen sonnigen Bergen und dem lieben Weben der Einfalt vornehmen kann. Das treibt die inneren Organe in einer Harmonie heraus, die niemals in der modernen Stadt entstehen kann. Etwas besser als der bloße Stadtmensch ist auch schon derjenige gestellt, welcher wenigstens während seiner Kindheit Tannenluft atmen, Schneegipfel schauen und das stille Treiben der Waldtiere und Insekten beobachten durfte. Keiner derjenigen aber, denen es aufgegeben ist, in der Stadt zu leben, darf es unterlassen, seinen in Bildung begriffenen Seelen- und Geistesorganen als Nahrung die inspirierten Lehren der Geistesforschung zuzuführen. Wessen Auge nicht jeden Frühling die Wälder Tag für Tag in ihrem Grün verfolgen kann, der sollte dafür seinem Herzen die erhabenen Lehren der Bhagawadgita, des Johannesevangeliums, des Thomas von Kempen und die Darstellungen der geisteswissenschaftlichen Ergebnisse zuführen. Viele Wege gibt es zum Gipfel der Einsicht; aber eine richtige Wahl ist unerlässlich. – Der Geheimkundige weiß gar manches über solche Wege zu sagen, was dem Uneingeweihten absonderlich erscheint. Es kann z. B. jemand sehr weit auf dem Geheimpfade sein. Er kann sozusagen unmittelbar vor dem Öffnen der seelischen Augen und geistigen Ohren stehen; und dann hat er das Glück, eine Fahrt über das ruhige oder vielleicht auch das wild bewegte Meer zu machen, und eine Binde löst sich von seinen Seelenaugen: Plötzlich wird er sehend. – Ein anderer ist ebenfalls so weit, dass diese Binde sich nur zu lösen braucht; es geschieht durch einen starken Schicksalsschlag. Auf einen anderen Menschen hätte dieser Schlag wohl den Einfluss gehabt, dass er seine Kraft lähmte, seine Energie untergrübe; für den Geheimschüler wird er zum Anlass der Erleuchtung. – Ein Dritter harrt in Geduld aus; Jahre hindurch hat er so geharrt, ohne eine merkliche Frucht. Plötzlich in seinem ruhigen Sitzen in der stillen Kammer wird es geistig Licht um ihn, die Wände verschwinden, werden seelisch durchsichtig, und eine neue Welt breitet sich vor seinem sehend gewordenen Auge aus oder erklingt seinem hörend gewordenen Geistesohre.

(Wie erlangt man Erkenntnisse der höheren Welten? 1904/1905)

IX IM GESPRÄCH MIT DER GÖTTIN «NATURA»

In einer ganz anderen Richtung bewegen wir uns geistig, wenn wir auf gewisse andere Arten der Metallität unsere Konzentration richten. Geradeso wie wir das tun können mit Eisen, Zinn, Blei, können wir es zum Beispiel auch vollbringen mit dem Kupfer. Wir können uns auf die Metallität des Kupfers konzentrieren, gewissermaßen aufgehen in dem Kupfer, ganz Kupfer werden im Seelenleben, in der Farbe, in der Konsistenz, in jenes eigentümliche oberflächlich Gerilltsein des Kupfers aufgehen, kurz, in alledem, was man seelisch an der Metallität des Kupfers erleben kann. Dann bekommt man nicht das Gefühl eines Überganges in Ohnmacht, sondern etwas Gegenteiliges tritt ein. Man bekommt das Gefühl, man wird innerlich mit etwas ausgefüllt. Man wird innerlich sich mehr fühlbar, als man sonst ist. Man hat förmlich das Gefühl, dieses Kupfer, über das man konzentriert denkt, das erfüllt einen von oben bis nach unten, bis in die Fingerspitzen, überallhin, bis in die Haut hinein. Es erfüllt einen. Es füllt einen mit etwas aus. Und dasjenige, womit es einen ausfüllt, das fühlt man von da ausstrahlend. Es strahlt dann von diesem Mittelpunkt, der unterhalb des Herzens liegt, in den ganzen Körper hinein. Man fühlt so einen zweiten Körper in sich, einen zweiten Menschen. Man fühlt sich innerlich gepresst. Ein leiser Schmerz beginnt, der sich steigert. Man fühlt alles innerlich gepresst.

Aber wiederum mit dem Initiatengefühl durchdringt man das alles, und man fühlt eben einen zweiten Menschen auf diese Weise im Menschen. Und es wird bedeutsam, wenn man gerade mit dem Initiatengefühl nun so erleben kann, dass man sich sagen kann: Mit deinem gewöhnlichen Menschen, den du bekommen hast durch Geburt und Erziehung, mit dem du in der Welt herumgehst, mit dem du schaust durch deine Augen in die Welt, mit dem du hörst, mit dem du fühlst die Dinge, mit diesem Menschen gehst du herum; aber dadurch, dass du trainiert bist, dass du Übungen gemacht hast, dadurch bringst du auch diesen Menschen, diesen zweiten Menschen, der dich jetzt auspresst, dazu, wahrnehmen zu können. – Er wird zwar ein eigentümlicher Mensch, dieser zweite Mensch. Er hat nicht so abgesonderte Augen und Ohren, er ist gleichsam ganz Auge und Ohr; aber er ist wie ein Sinnesorgan. Er nimmt fein wahr. Und er nimmt eben Dinge wahr, die wir sonst nicht wahrnehmen. Die Welt wird plötzlich bereichert. Und man kann dann wie eine Schlange, die beim Häuten ihre Haut abstößt, für eine gewisse Zeit, die gar nicht lange zu sein braucht, die nach Sekunden dauern mag – man erlebt schon in Sekunden dann sehr viel –, mit diesem zweiten Menschen, der sich da einem, ich möchte sagen, als der Kupfermensch ausgebildet hat, herausgehen aus dem Leibe und sich frei in der Welt geistig bewegen. Er ist trennbar, wenn das auch alles Schmerz macht, wenn der Schmerz sich auch steigert, er ist trennbar vom Leibe.

Man kann herauskommen. Man kann jetzt, wenn man herauskommt, noch mehr erleben, als wenn man drinnen stecken bleibt. Man kann vor allen Dingen, wenn man es dazu gebracht hat, dieses Herausgehen zu ermöglichen, jemandem, der gestorben ist, in diejenige

Welt folgen, in die er nach ein paar Tagen eintritt. Also jemand ist durch die Pforte des Todes gegangen, und alle die Beziehungen, die man als irdischer Mensch zu diesem Menschen gehabt hat, hören auf. Er wird verbrannt oder begraben. Er ist auf der Erde nicht mehr da.

Wenn man mit diesem zweiten Menschen, den ich eben beschrieben habe, aus dem Leibe herausgeht, so kann man der Seele, die durch die Pforte des Todes gegangen ist, weiter nachfolgen. Man bleibt mit dieser Seele zusammen. Und man erlebt dann, wie diese Seele in den ersten Jahren und Jahrzehnten, nachdem sie durch die Pforte des Todes gegangen ist, das Leben wieder rückwärts durchmacht. Es wird das eine Wahrheit. Man kann das beobachten. Man kann mit dem Toten weiterhin gehen. Man sieht, das, was er in den Tagen vor seinem Sterben hier auf Erden erlebt hat, das erlebt er zurück, das Letzte zuerst, das Vorletzte als Zweites und so weiter. Er lebt alles zurück. Bis zu dem Zeitpunkte seiner Geburt lebt er sich zurück in einem Drittel der Lebenszeit. Wenn einer sechzig Jahre alt geworden ist, lebt er ungefähr zwanzig Jahre zurück, das ganze Leben rückwärts durchlaufend. Da kann man ihm folgen.

(13. August 1924)

Man kann sich schon vorstellen – es ist nicht ein poetisches Bild, das ich vor Sie hinstelle, es ist eine Wirklichkeit, meine sehr verehrten Anwesenden –, man kann sich schon vorstellen die Schule von Chartres, wo heute noch die wunderschöne Kathedrale ist, lehrend Alanus ab Insulis, sprechend zu seinen Schülern von der Natur, etwa sagend: Die Natur – ein Wesen, das wir nicht mehr fassen können, das sich uns entzieht, wenn wir ihm nahen wollen. Die Menschheit hat Kräfte entwickelt, die sie zu anderen Dingen hinführen, die aber nicht mehr fähig sind, so die Natur zu erfassen, wie die Natur in alten Zeiten von den Erkennenden erfasst worden ist. Denn die Natur war ein mächtig großes Geistwesen, das überall gewirkt hat, da, wo die Steine im Gebirge sich gebildet haben, da, wo die Pflanzen aus dem Erdboden herausgewachsen sind, da, wo die Sterne am Himmel funkelten. Überall webte ein unermesslich großes Wesen, das sich in der Gestalt eines wunderbaren Weibes darstellt. Das sahen die Alten mit ihrem Schauen. Wir können uns nach den Angaben, welche die Alten gemacht haben, noch Vorstellungen davon bilden, was die Natur war, dieses überall Weben, Wirken, das in allem Umgebenden, in aller Wärme, in allen Lichterscheinungen, in allen Farbenerscheinungen, in allen Lebenserscheinungen lebt und webt. Aber es entschlüpft uns, wenn wir ihm nahen wollen. Denn lebend-webend ist die Göttin Natura in allem. Eine Göttin, ein göttlich-geistiges Wesen, von dem man wusste, man kann es in seiner Wesenheit nur erkennen, wenn man es anschauen kann.

Solche Vorstellungen machte im 12. Jahrhundert noch solch eine Persönlichkeit wie Alanus ab Insulis seinen Schülern in der Schule von Chartres klar. Aber weil man im Nebel sich auflösend diese Göttin Natura sah, mit der Lebendigkeit all dessen, was wir heute als abstrakte, tote Naturgesetze finden, weil sie einem gleich wieder entschlüpfte, deshalb war dieser tragische, traurige Zug auf den Antlitzen dieser Menschen.

Und dann gab es etwa solche Menschen, wie der große Lehrer des *Dante* war, *Brunetto Latini,* der durch einen besonderen karmischen Fall, dass er eine Art von Sonnenstich bei einer Wanderung bekommen hat – was viel wichtiger war als der Schmerz, den er über die Vertreibung der Welfen aus seiner Vaterstadt bekommen hatte –, der dadurch, dass sein Bewusstseinszustand infolgedessen ein anderer geworden war, noch wahrnehmen konnte diese Göttin Natura, wie er es in seinem Buche «Tesoretto» beschreibt. Und er schildert ganz anschaulich, in lebendiger Imagination, wie er auf dem Heimweg nach seiner Vaterstadt Florenz durch einen öden Wald kommt, wie er in diesem öden Wald an einen Berg herantritt, auf diesem Berge wirkend sieht die Göttin Natura, wie die Göttin Natura nun ihn aufklärt, was die menschliche Seele im Denken, Fühlen und Wollen ist, wie sie ihn aber auch aufklärt, was die vier Temperamente des Menschen ihrem Wesen nach sind, wie sie ihn auch aufklärt, was die fünf Sinne des Menschen sind.

Das war alles eine wirkliche geistig-seelische Unterweisung, eine Realität, die er durchmachte unter dem Einfluss eines pathologischen Zustandes, als er von Spanien wiederum zurückkehrte nach seiner Vaterstadt Florenz. Und als er das alles durchgemacht hatte, sah er das Weben und Wesen der vier Elemente, Feuer, Erde, Wasser, Luft, sah das Weben und Wesen der Planeten, das Hinausgehen der menschlichen Seele in den Sternenhimmel. Das alles sah er unter dem Einfluss einer Geistlehre, die ihm zukam von der Göttin Natura.

Das alles schildert ein Mensch der damaligen Zeit so anschaulich, wie es der heutigen Sprache nur irgend noch möglich ist. Zugleich aber hat man das Gefühl, er empfindet: Die anderen, die Alten haben das noch ganz anders gewusst; es entschlüpft einem heute immer. Man muss sogar in einen herabgestimmten, pathologischen Zustand kommen, wenn man in diese Geheimnisse noch hineinschauen will.

Aber ein ungeheurer Drang war in diesen Menschen, wiederum heraufzuzaubern so etwas, wie es die wirkliche Gestalt der Natura ist. Und sehen Sie, wenn wir so diesen Gang zurückmachen im menschlichen Empfinden, im menschlichen Denken gegenüber der Erkenntnis, dann haben wir das Gefühl: Nun ja, wir stehen auch heute vor der Natur, aber wir bezeichnen sie mit einem Namen, der etwas ganz Abstraktes, eine Summe von Gesetzen ist. Wir sind stolz darauf, wenn wir diese Gesetze nur einigermaßen in einer Harmonie zusammenfassen. Wir gehen einige Jahrhunderte zurück. Wir schauen ein lebendiges Verhältnis, das der Mensch zu einem göttlichen Wesen hatte, das webte und lebte und all dasjenige wirkte, was an Erscheinungen auftrat: den Aufgang der Sonne, den Untergang der Sonne, die Erwärmung der Steine, die Erwärmung der Pflanzen, die all das im lebendigen Weben und Treiben wirkt. Denken Sie, was das für eine ganz andere Wissenschaft ist! Die Wissenschaft enthielt die Taten der Göttin Natura. Es war schon auch ein Unterschied zwischen der Stimmung, wenn die

Studenten von Chartres herauskamen – Zisterziensermönche waren sie zumeist –, und derjenigen Stimmung, die heute Studenten haben, welche aus der Schule herauskommen; es war schon etwas anderes und etwas Lebendigeres, etwas Wesenhafteres. Und ganz lebendig Wesenhaftes wird es eben in solchen Schilderungen wie der des Brunetto Latini, des großen Lehrers des Dante.

Dass das lebendig war, kann man sich ja vorstellen, denn all die herrlichen Bilder und Gestalten, die Dante in seiner «Commedia» hingemalt hat, sind ja hervorgegangen aus den lebendigen Schilderungen seines durch einen karmischen Fall eingeweihten Lehrers Brunetto Latini; wie ja auch viel von dem, was dann in solchen Schulen wie Chartres und anderen gelehrt worden ist, hervorgegangen ist aus solchen Eingeweihten wie Joachim de Fiore und anderen.

Man hat dazumal den Ausdruck «Natura» gebraucht, aber nicht so abstrakt wie wir, sondern für etwas, was da ist, was in den äußeren Sinneserscheinungen wirkt, aber sich zurückzieht, einem entschlüpft. Und dann war noch etwas anderes. Nehmen Sie an – wiederum schildere ich nicht ein poetisches Bild, sondern etwas, was durchaus Realität war –, nehmen Sie an, man wäre schon als ein etwas bejahrter Student im Kolleg gesessen, so nennt man es ja wohl auch, des Alanus ab Insulis. Man hätte das mitgemacht, was da sich abgespielt hat. Die Studenten wären entlassen worden, und man wäre mit Alanus ab Insulis einsam auf einem Spaziergang weitergegangen, das besprechend, was vorgekommen war. Was hätte man da erfahren?

Ja, solch ein Gespräch hätte eine besondere Form annehmen können. Man hätte sprechen können von dieser Göttin Natura, die einem sich offenbart in den Erscheinungen der äußeren physisch-sinnlichen Welt, die einem aber entschlüpft. Dann würde Alanus ab Insulis, wenn er nun auch warm geworden war in der seelischen Unterhaltung, einem auf die Schulter geklopft haben und gesagt haben: Ach, hätten wir noch jenen Schlafzustand, den die Alten hatten, dann würden wir die andere Seite, die verborgene Seite der Göttin Natura kennenlernen. Aber wir schlafen ja hinein in das Unbewusste, wo sich den Alten gerade die andere Seite der Natur geoffenbart hat. Könnten wir noch so schlafen, so hellsichtig schlafen wie die Alten, dann würden wir die Göttin Natura kennen. – So sprechend, hätte einem Alanus ab Insulis auf die Schulter geklopft.

(14. August 1924)

Wenn man mit alledem, was man heute lernen kann bis hinauf in die höchste Universitätswissenschaft aller Fakultäten, vor dasjenige Wesen hintritt, das ja noch da ist als Göttin Natura, von dem im lebendigen Sinne die Lehrer der Schule von Chartres gesprochen haben, gesprochen hat *Bernardus Silvestris, Alanus ab Insulis* und andere, wenn man vor dieses Wesen hintritt, dann fühlt man sich gerade mit seinem heutigen Erkennen in einer recht unwissenden Stimmung. Denn man sagt sich: Du weißt ja eigentlich nach dem heutigen Wissen und Erkennen nur etwas, was auf diejenige Welt, die du zwischen Geburt und Tod durchlebst, Bezug hat, und was schon nicht mehr wahr ist, wenn du nur in die nächste spirituelle Welt mit deinem Bewusstsein so untertauchst, dass du den Toten noch über den Tod hinaus verfolgen kannst.

Wir lernen Chemie. Aber das, was wir in der Chemie lernen, das gilt nur für die Welt, in der wir leben zwischen Geburt und Tod. Die ganze Chemie hat keine Bedeutung in der Welt, in der man den Toten nach dem Tode verfolgt. Alles, was man hier lernt in der physischen Welt, hat für jene Welt gar keine Bedeutung, es ist nur eine Erinnerung, wenn man darinnen ist in jener Welt. Und diese Welt, in der man dann darinnen ist, die geht einem eben sogleich auf, und man fühlt, die Welt, in der man so viel gelernt hat, diese alltägliche Welt, die schwindet. Die andere Welt geht sogleich auf.

Nehmen wir an, wir haben in dieser Welt, in der wir zwischen der Geburt und dem Tode stehen, einen Berg. Der Berg ist uns für diese Welt recht dicht. Wir schauen ihn zunächst von der Ferne. Er wirft uns das Licht zurück, das ihm die Sonne gibt. Wir sehen ihn in seinen Formen, in seinen Konturen. Wir gehen hin. Wir kommen ihm näher und immer näher. Wir fühlen, dass er uns Widerstand bietet, wenn wir ihn betreten. Er macht auf uns den Eindruck des Realen. Jetzt sind wir in einer anderen Welt. Alles das, wovon wir gesagt haben, es ist fest, das hört auf, scheint es, eine Bedeutung zu haben, und es ist etwas, was wie aus dem Berg herauskommt, immer größer und größer wird, was uns den Eindruck macht einer anderen Realität.

Und weiter, wir sehen, wenn wir hier in der alltäglichen Welt stehen, über dem Berg die Wolke. Wir sind überzeugt, die ist da oben als zusammengedichteter Dunst. Sie hört ebenso auf, ihre Realität zu haben. Wiederum etwas ganz anderes kommt heraus aus dieser Wolke. Was da herauskommt, verbindet sich mit dieser nach und nach verschwindenden Wolke und dem Berg, und etwas Neues kommt heraus, eine neue Realität ist da, was nicht etwa bloß ein Nebel ist, sondern was Gestalt hat. Und so mit allen Dingen. Wir sehen eine Menge Dinge hier, zum Beispiel viele Menschen. In dem Augenblick, wo sie in die geistige Welt eintreten, verschwinden die scharfen Konturen. Sie müssen sich schon zu dem Gedanken bequemen, meine Damen, dass man all Ihre schönen Kleider dann nicht mehr sieht. Dagegen ersteht aus alledem, was da sitzt, das Seelisch-Geistige. Aber aus der Umgebung kommt dasjenige heran, was geheimnisvoll in Luft und in der ganzen Umgebung waltet. Das kommt heran. Eine neue Welt entsteht. Und in dieser Welt ist der Tote nach dem Tode.

Aber nun werden wir ein anderes gewahr. Wir bemerken ein anderes. Wenn diese Welt nicht wäre, in die wir jetzt eingetreten sind, wenn diese Welt nicht überall auch vorhanden wäre, wo die Welt vorhanden ist, die wir zwischen Geburt und Tod durchblicken, dann hätten wir keine Augen und keine Ohren, überhaupt keine Sinne als Menschen. Denn die Welt, die der Chemiker beschreibt, der Physiker beschreibt, die kann uns keine Sinne geben. Wir wären ganz ohne Sinne, wir wären blind und taub. Die Sinne würden sich nicht in uns bilden.

Sehen Sie, das ist das Überraschende gewesen, als dieser Brunetto Latini von Spanien herübergekommen ist, in die Nähe seiner Vaterstadt Florenz gekommen ist und diesen leisen Sonnenstich hatte und dadurch versetzt wurde in diese andere Welt. Da merkte er: Deine Sinne hast du aus dieser anderen Welt. Du wärest als Mensch sinnenlos, wenn diese andere Welt nicht durchdränge die gewöhnliche Welt, die du sonst siehst. Du stehst also als Mensch dadurch, dass dir deine Sinne eingesetzt sind in deinen Körper, im Zusammenhang mit dieser zweiten Welt.

Und zu allen Zeiten hat man diese zweite Welt – wir können den Ausdruck beibehalten – die Welt der Elemente genannt. Da drinnen hat es keinen Sinn, zu sprechen von Sauerstoff, Wasserstoff, Stickstoff und so weiter. Davon können wir reden zwischen Geburt und Tod. Da drinnen hat es nur einen Sinn, zu sprechen von den Elementen Erde, Wasser, Luft, Feuer und Licht und so weiter. Denn das Spezifische von Wasserstoff, Sauerstoff und so weiter hat gar keinen Bezug zu unseren Sinnen. Was der Chemiker findet an dem Geruch von Veilchen oder von Asa foetida, dass das eine einen sehr sympathischen, das andere einen höchst unsympathischen Geruch hat, was da chemisch gefunden wird, mit Namen von Stoffen bezeichnet wird, hat keine Bedeutung. Dagegen ist das alles, was da wirkt als Geruch, durchgeistigt. Luftförmig müsste man es bezeichnen im Sinne der Welt, in die der Tote unmittelbar nach dem Tode eintritt, aber differenzierte Luft, überall durchgeistigte Luft. Sodass unsere Sinne wurzeln in der Elementenwelt, in der Welt, wo es noch einen Sinn hat, von Erde, Wasser, Feuer, Luft zu sprechen.

Sehen Sie, da kommt uns gegenüber einem falschen Gedanken der richtige Gedanke. Wie verhält sich der moderne Philosoph, der ja, wie er selber sagt, verständig, vernünftig geworden ist, der die Naivität der Anschauungen früherer Zeiten überwunden hat? Er sagt: Nun, die Anschauungen früherer Zeiten waren grob. Die haben nur von den groben Elementen Erde, Wasser, Feuer, Luft gesprochen. Wir wissen, dass es siebzig bis achtzig Elemente gibt, nicht vier oder fünf. – Würde ein Grieche auferstehen – so wie er damals war, nicht in Wiederverkörperung – und würde sich das sagen lassen müssen, dann würde er sagen: Ja, ganz gewiss, ihr habt ja Sauerstoff, Wasserstoff und so weiter, das sind eure Elemente. Aber ihr habt vergessen, was wir in unseren vier Elementen hatten. Das seht ihr nicht mehr. Von dem wisst ihr nichts mehr. Aber mit all euren zweiundsiebzig oder fünfundsiebzig Elementen würden niemals Sinne entstehen, denn die entstehen aus den vier Elementen. Wir kannten den Menschen daher besser. Wir wussten, wie sich dieses Äußere, Peripherische, das von Sinnen durchsetzt ist, im Menschen bildet.

Die Eindrücke, die von solchen alten, an die Initiation nahe herangekommenen Menschen, wie Brunetto Latini einer war, empfangen wurden, die können wir ja nur würdigen, wenn wir sie auf ihre Gemütstatsache hin würdigen, wenn wir das Überraschende, Frappierende, das die Seele Aufregende und Hinnehmende ins Auge fassen. Natürlich, wenn jemand bis dahin geglaubt hat, was seine Augen hier sehen, seine Ohren hier hören, das sei das Reale, und er kommt dann darauf, dass dieses Reale nicht einmal Auge und Ohr hervorbringen könnte, sondern dass da dasjenige dahinter sein muss hinter diesem Realen, was ich hier beschrieben habe, dann wirkt das natürlich zunächst erschütternd.

Und das wiederum ist das Wesentliche, dass wir zu keiner solchen Erkenntnis kommen können, wenn wir in der gewöhnlichen toten Weise der Natur gegenüberstehen und bleiben, wie wir es sonst tun. Es beginnt sogleich alles zu leben, wenn wir in diese Welt eintreten. Wir sagen uns: Ja, der Berg, den wir kennen, er ist tot. Wir haben gar nicht gewusst, dass in dem etwas lebt. Aber es lebt etwas in ihm. Jetzt ist es da. Die Wolke erschien uns früher tot; jetzt erscheint das Lebende, das in ihr ist, das wir früher nicht gesehen haben. Alles wird lebendig. Aber in diesem lebendigen Weben offenbart sich eben auch wiederum Wesenhaftes.

Da drücken wir nicht aus unserem Gehirn Naturgesetze heraus, sondern da stehen wir einer geistigen, einer spirituellen Wesenheit, eben der Wesenheit Natura gegenüber, die uns sagt dieses, die uns zeigt dieses, die uns reale Mitteilungen macht. Und es wird eine Tatsache, dass man sich über die Tatsachen, die da sind in unserer Umgebung, mit Wesen einer übersinnlichen Welt verständigt. So tritt man eben ein aus dem bloß Abstrakten der Gesetzhaftigkeit der Welt in das Wesenhafte, wo man sich, statt dass man Naturgesetze durch Experiment und Nachdenken zusammenbringt, Wesen einer anderen Welt gegenüber fühlt, die für die Erkenntnis

Mitteilungen machen, weil sie das wissen, was wir als Menschen erst lernen sollen.

Und so kommt man hinein auf einem rechten Wege in die geistigen Welten. Man kommt dann dahinter: Würdest du nur Sinne haben, würde nur das Auge mit seinen Sehnerven, die Nase mit ihren Riechnerven, das Ohr mit den Gehörnerven da sein, und würden sich diese Nerven alle bloß verbinden nach rückwärts, so würdest du gar nicht darauf kommen, dass es Sauerstoff, Wasserstoff, Stickstoff und so weiter gibt, dass es alle diese Dinge gibt, die man zwischen Geburt und Tod als Mensch wahrnimmt. Man würde hineinschauen in die Welt der Elemente. Überall würde man Erde, Wasser, Luft, Feuer schauen. Und dasjenige, was als weitere Differenzierung des Festen, Erdigen, des Flüssigen, Wässerigen da wäre, würde einen so wenig interessieren wie den Millionär das kleine Geld. Man würde sich einfach nicht dafür interessieren. Aus unseren Nerven, die von den Sinnen ausgehen, als Sinnesmenschen wissen wir von der elementarischen Welt. Und in dem Augenblicke, wo wir dies, was ich erzählt habe, gewahr werden, werden wir auch gewahr, dass ja bei uns als Menschen die Sinnesnerven zurückgehen, sich mehr differenzieren, mehr vervollkommnen, da etwas darinnen noch ausbilden wie Gehirn. Dadurch kommen wir nicht mehr in uns hinein, sondern mehr aus uns heraus, und wir fügen zu dem Wesen der vier Elemente: Erde, Feuer, Wasser, Luft, das andere hinzu, was wir eben sonst lernen zwischen Geburt und Tod.

Aber dieses ganze Gehirn, das sich aufstülpt aus den nach rückwärts gehenden Sehnerven, Gehörnerven und so weiter, dieses ganze Gehirn, das uns so wertvoll ist als Menschen, das hat ja nur eine Bedeutung zwischen Geburt und Tod. Was da in der Schädeldecke drinnen noch besonders aufgestülpt ist beim Menschen, hat nur eine Bedeutung für das irdische Leben. Das Gehirn ist das Allerunbedeutendste für die geistige Welt. Daher muss man schon das Gehirn wieder ausschalten, wenn man nur in die erste Welt, die an die unsere angrenzt, hineinkommen will. Das Gehirn muss man ausschalten. Das ist ein furchtbar störendes Organ für die höhere Anschauung. Und man muss mit dem ausgeschalteten Gehirn gleich wiederum in den Sinnen leben, aber jetzt in die Sinne hineingedrückt haben das erweckte Spirituelle; dann bekommt man die Imagination. Die Sinne nehmen sonst Sinnesbilder wahr in der äußeren physischen Welt und die setzt das Gehirn um in die abstrakten Gedanken, in diese toten, abstrakten Gedanken. Schaltet man das Gehirn aus, lebt man wiederum in den Sinnen, dann empfindet man alles wiederum in Imaginationen. Das wird man gewahr. Dann eben weiß man auch, dass das Untertauchen in tiefere Lebenszustände verbunden ist mit dem Entwickeln höherer geistiger Bewusstseinszustände, als wir sie im gewöhnlichen Leben haben.

Unsere Sinne, die ja an unserer Oberfläche sind, Auge, Ohr, die nehmen fortwährend diese Welt wahr (siehe Zeichnung, rot). Da stehen wir, meine sehr verehrten Anwesenden. Unsere Sinne, die an unserer Oberfläche sind, die schauen diese elementarische Welt. Die schau-

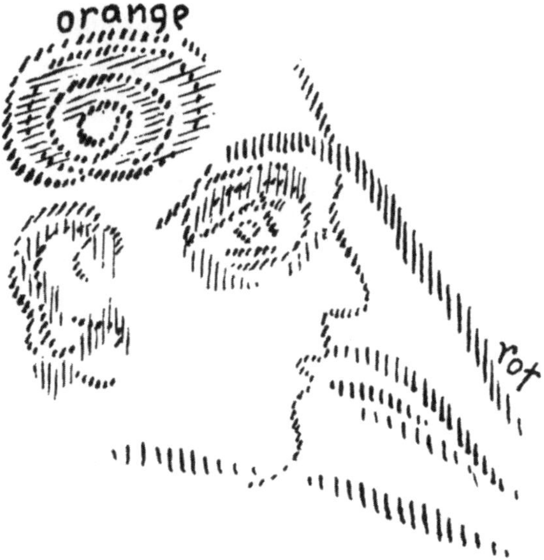

en auch noch die Toten darinnen, Jahre nachdem sie gestorben sind. Dass das alles ausgelöscht ist, das rührt davon her, dass hinter den Sinnen das Gehirn ist (orange). Jetzt stehe ich da mit meinem Gehirn, meinen Sinnen. Dieser Mensch, der an meiner äußeren Oberfläche liegt, der schaut darinnen die geistige Welt, der schaut darinnen die Toten in den Jahren nach dem Tode. Aber mein Gehirn, das löscht das alles aus, löscht aus Erde, Wasser, Feuer, Luft; und ich schaue hin auf das, was in scharfen Konturen da ist als physische Welt, was nur da ist für die Welt, die ich zwischen Geburt und Tod durchlebe. Es ist eine Welt da ganz anderer Art. Ich lösche sie durch mein Gehirn aus und schaue auf die Welt, die eben dem Menschen als die Welt des gewöhnlichen Bewusstseins bekannt ist.

Und so besteht ja für den neueren Menschen jene Meditation, von der ich gestern gesprochen habe. Für den älteren Menschen bestand nach jener Meditation auch noch der Genuss von solchen Metallitäten, wie ich es gestern auseinandergesetzt habe. So besteht ja das Versetzen zunächst in den nächsten Bewusstseinszustand darin, dass man das Gehirnbewusstsein ausschaltet und mit dem Geiste untertaucht in das Bewusstsein, das unsere Augen, Ohren haben. Die Tiere haben das auch, denn die haben physisch das Gehirn hinter den Sinnen nicht entwickelt. Nur haben sie nicht in sich die Ich-begabte Seele, sodass sie in ihre Sinne nicht untertauchen können mit dem Geiste. Sie tauchen nur mit dem Grob-Seelischen unter, sehen daher nicht dasjenige, was der Mensch, wenn er mit dem Geiste in seine Sinne untertaucht, in der Umgebung sehen kann. Aber in derselben Art sehen die Tiere; niedrig, nicht individuell hoch, sehen die Tiere.

(15. August 1924)

X DAS LEBEN ALS ATMUNGSPROZESS AUFFASSEN

DIE BEDINGUNGEN ZUR GEHEIMSCHULUNG

Die Bedingungen zum Antritt der Geheimschulung sind nicht solche, die von irgendjemand durch Willkür festgesetzt werden. Sie ergeben sich aus dem Wesen des Geheimwissens. Wie ein Mensch nicht Maler werden kann, der keinen Pinsel in die Hand nehmen will, so kann niemand eine Geheimschulung empfangen, der nicht erfüllen will, was die Geheimlehrer als notwendige Forderung angeben. Im Grunde kann der Geheimlehrer nichts geben als Ratschläge. Und in diesem Sinne ist auch alles aufzunehmen, was er sagt. Er hat die vorbereitenden Wege zum Erkennen der höheren Welten durchgemacht. Er weiß aus Erfahrung, was notwendig ist. Es hängt ganz von dem *freien Willen* des Einzelnen ab, ob er die gleichen Wege wandeln will oder nicht. Wenn jemand verlangen wollte, dass ihm ein Lehrer eine Geheimschulung zukommen ließe, ohne die Bedingungen erfüllen zu wollen, so gliche eine solche Forderung eben durchaus der: Lehre mich malen, aber befreie mich davon, einen Pinsel zu berühren. – Der Geheimlehrer kann auch niemals etwas bieten, wenn ihm nicht der freie Wille des Aufnehmenden entgegenkommt. Aber es muss betont werden, dass der allgemeine Wunsch nach höherem Wissen nicht genügt. Diesen Wunsch werden natürlich viele haben. Wer *nur* diesen Wunsch hat, ohne auf die *besonderen* Bedingungen der Geheimschulung eingehen zu wollen, von dem kann zunächst nichts erreicht werden. Das sollen diejenigen bedenken, die sich darüber beklagen, dass die Geheimschulung ihnen nicht leicht wird. Wer die strengen Bedingungen nicht erfüllen kann oder will, der *muss* eben *vorläufig* auf Geheimschulung verzichten. Zwar sind die Bedingungen *streng,* aber nicht *hart,* da ihre Erfüllung nicht nur eine freie Tat sein soll, sondern sogar sein muss.

Wer das nicht bedenkt, für den können die Forderungen der Geheimschulung leicht als Seelen- oder Gewissenszwang erscheinen. Denn die Schulung beruht ja auf einer Ausbildung des *inneren* Lebens; der Geheimlehrer muss also Ratschläge erteilen, die sich auf dieses innere Leben beziehen. Aber nichts kann als Zwang aufgefasst werden, was als Ausfluss eines freien Entschlusses gefordert wird. – Wenn jemand von dem Lehrer forderte: Teile mir deine Geheimnisse mit, aber lasse mich bei meinen gewohnten Empfindungen, Gefühlen und Vorstellungen, so verlangt er eben etwas ganz Unmögliches. Er will dann nichts weiter als die Neugierde, den Wissenstrieb befriedigen. Bei einer solchen Gesinnung kann aber Geheimwissen nie erlangt werden.

Es sollen nun der Reihe nach die Bedingungen für den Geheimschüler entwickelt werden. Es muss betont werden, dass bei keiner dieser Bedingungen eine *vollständige* Erfüllung verlangt wird, sondern lediglich das *Streben* nach einer solchen Erfüllung. *Ganz* erfüllen kann die Bedingungen niemand; aber sich auf den Weg zu ihrer Erfüllung begeben kann jeder. Nur auf den Willen, auf die Gesinnung, sich auf diesen Weg zu begeben, kommt es an.

Die erste Bedingung ist: Man richte sein Augenmerk darauf, die körperliche und geistige *Gesundheit* zu fördern. Wie gesund ein Mensch ist, das hängt zunächst natürlich nicht von ihm ab. Danach trachten, sich nach dieser Richtung zu fördern, das kann ein jeder. Nur aus einem gesunden Menschen kann gesunde Erkenntnis kommen. Die Geheimschulung weist einen nicht gesunden Menschen nicht zurück; aber sie muss verlangen, dass der Schüler den Willen habe, gesund zu leben. – Darinnen muss der Mensch die möglichste Selbstständigkeit erlangen. Die guten Ratschläge anderer, die – zumeist ungefragt – jedem zukommen, sind in der Regel ganz überflüssig. Ein jeder muss sich bestreben, selbst auf sich zu achten. – Vielmehr wird es sich in physischer Beziehung darum handeln, schädliche Einflüsse abzuhalten, als um anderes. Um unsere Pflichten zu erfüllen, müssen wir uns ja oft Dinge auferlegen, die unserer Gesundheit nicht förderlich sind. Der Mensch muss verstehen, im rechten Falle die Pflicht höher zu stellen als die Sorge um die Gesundheit. Aber was kann nicht alles unterlassen werden bei einigem guten Willen! Die Pflicht muss in vielen Fällen höher stehen als die Gesundheit, ja oft höher als das Leben; der *Genuss darf* es bei dem Geheimschüler *nie*. Bei ihm kann der Genuss nur ein *Mittel* für Gesundheit und Leben sein. Und es ist in dieser Richtung durchaus notwendig, dass man ganz ehrlich und wahrhaftig gegen sich selbst sei. Nichts nützt es, ein asketisches Leben zu führen, wenn dieses aus ähnlichen Beweggründen entspringt wie andere Genüsse. Es kann jemand an dem Asketismus ein Wohlgefallen haben wie ein anderer am Weintrinken. Er kann aber nicht hoffen, dass ihm dieser Asketismus etwas zu höherer Erkenntnis nütze. – Viele schieben alles, was sie scheinbar hindert, sich nach dieser Richtung zu fördern, auf ihre Lebenslage. Sie sagen: «Bei meinen Lebensverhältnissen kann ich mich nicht entwickeln.» Es mag für viele in anderer Beziehung wünschenswert sein, ihre Lebenslage zu ändern; zum Zwecke der Geheimschulung braucht dies kein Mensch zu tun. Zu diesem Ziele braucht man nur gerade in der Lage, in der man ist, so viel für seine leibliche und seelische Gesundheit zu tun, als möglich ist. Eine jegliche Arbeit kann dem Ganzen der Menschheit dienen; und es ist viel größer von der Menschenseele, sich klarzumachen, wie notwendig eine kleinliche, vielleicht hässliche Arbeit für dieses Ganze ist, als zu glauben: «Diese Arbeit ist für mich zu schlecht, ich bin zu anderem berufen.» – Besonders wichtig für den Geheimschüler ist das Streben nach völliger geistiger Gesundheit. Ungesundes Gemüts- und Denkleben bringt auf alle Fälle von den Wegen zu höheren Erkenntnissen ab. Klares, ruhiges Denken, sicheres Empfinden und Fühlen sind hier die Grundlage. Nichts soll ja dem Geheimschüler ferner liegen als die Neigung zum Fantastischen, zum aufgeregten Wesen, zur Nervosität, zur Exaltation, zum Fanatismus. Einen gesunden Blick für alle Verhältnisse des Lebens soll er sich aneignen; sicher soll er sich im Leben zurechtfinden; ruhig soll er die Dinge zu sich sprechen und auf sich wirken lassen. Er soll sich bemühen, überall, wo es nötig ist, dem Leben gerecht zu werden. Alles Überspannte, Einseitige soll in seinem Urteilen und Empfinden vermieden werden. Würde diese Bedingung nicht erfüllt, so käme der Geheimschüler statt in höhere Welten in diejenige seiner eigenen Einbildungskraft; statt der Wahrheit machten sich Lieblingsmeinungen bei ihm geltend. Besser ist es für den Geheimschüler, «nüchtern» zu sein als exaltiert und fantastisch.

Die zweite Bedingung ist, sich als *ein Glied* des ganzen Lebens zu fühlen. In der Erfüllung dieser Bedingung ist viel eingeschlossen. Aber ein jeder kann sie nur auf seine eigene Art erfüllen. Bin ich Erzieher und mein Zögling entspricht nicht dem, was ich wünsche, so soll ich mein Gefühl zunächst nicht gegen den Zögling richten, sondern gegen mich selbst. Ich soll mich so weit als eins mit meinem Zögling fühlen, dass ich mich frage: «Ist das, was beim Zögling nicht genügt, nicht die Folge meiner eigenen Tat?» Statt mein Gefühl gegen ihn zu richten, werde ich dann vielmehr darüber nachdenken, wie ich mich selbst verhalten soll, damit in Zukunft der Zögling meinen Forderungen besser entsprechen könne. Aus solcher Gesinnungsart heraus ändert sich allmählich die ganze Denkungsart des Menschen. Das gilt für das Kleinste wie für das Größte. Ich sehe aus solcher Gesinnung heraus z. B. einen Verbrecher anders an als ohne dieselbe. Ich halte zurück mit meinem Urteile und sage mir: «Ich bin nur ein Mensch wie dieser. Die Erziehung, die durch die Verhältnisse mir geworden ist, hat mich *vielleicht* allein vor seinem Schicksale bewahrt.» Ich komme dann wohl auch zu dem Gedanken, dass dieser Menschenbruder ein anderer geworden wäre, wenn die Lehrer, die ihre Mühe auf mich verwendet haben, sie hätten ihm angedeihen lassen. Ich werde bedenken, dass mir etwas zuteil geworden ist, was ihm entzogen war, dass ich mein Gutes gerade dem Umstand verdanke, dass es ihm entzogen worden ist. Und dann wird mir die Vorstellung auch nicht mehr ferne liegen, dass ich nur ein Glied in der ganzen Menschheit bin und *mitverantwortlich* für alles, was geschieht. Es soll hier nicht gesagt werden, dass ein solcher Gedanke sich sofort in äußere agitatorische Taten umsetzen soll. Aber still in der Seele soll er gepflegt werden. Dann wird er sich ganz allmählich in dem äußeren Verhalten eines Menschen ausprägen. Und in solchen Dingen kann doch jeder nur bei sich selbst zu reformieren anfangen. Nichts fruchtet es, im Sinne solcher Gedanken allgemeine Forderungen an die Menschheit zu stellen. Wie die Menschen sein sollen: darüber ist leicht ein Urteil gebildet; der Geheimschüler aber arbeitet in der Tiefe, nicht an der Oberfläche. Es wäre daher ganz unrichtig, wenn man die hier angedeutete Forderung der Geheimlehrer mit irgendeiner äußerlichen, etwa gar einer politischen Forderung in Verbindung brächte, mit der die Geistesschulung nichts zu tun haben kann. Politische Agitatoren «wissen» in der Regel, was von anderen Menschen zu «fordern» ist; von Forderungen an sich selbst ist bei ihnen weniger die Rede.

Und damit hängt die dritte Bedingung für die Geheimschulung unmittelbar zusammen. Der Zögling muss sich zu der Anschauung emporringen können, dass seine Gedanken und Gefühle ebenso Bedeutung für die Welt haben wie seine Handlungen. Es muss erkannt werden, dass es ebenso verderblich ist, wenn ich meinen Mitmenschen hasse, wie wenn ich ihn schlage. Dann komme ich auch zu der Erkenntnis, dass ich nicht nur für mich etwas tue, wenn ich mich selbst vervollkommene, sondern auch für die Welt. Aus meinen reinen Gefühlen und Gedanken zieht die Welt ebensolchen Nutzen wie aus meinem Wohlverhalten. Solange ich nicht glauben kann an diese Weltbedeutung meines Innern, solange tauge ich nicht zum Geheimschüler. Erst dann bin ich von dem rechten Glauben an die Bedeutung meines Inneren, meiner Seele erfüllt, wenn ich an diesem Seelischen in der Art arbeite, als wenn es zum Mindesten ebenso wirklich wäre wie alles Äußere. Ich muss zugeben, dass mein Gefühl ebenso eine Wirkung hat wie eine Verrichtung meiner Hand.

Damit ist eigentlich schon die vierte Bedingung ausgesprochen: die Aneignung der Ansicht, dass des Menschen eigentliche Wesenheit nicht im Äußerlichen, sondern im Inneren liegt. Wer sich nur als ein Produkt der Außenwelt ansieht, als ein Ergebnis der physischen Welt, kann es in der Geheimschulung zu nichts bringen. Sich als seelisch-geistiges Wesen fühlen ist eine Grundlage für solche Schulung. Wer zu solchem Gefühle vordringt, der ist dann geeignet zu unterscheiden zwischen innerer Verpflichtung und dem äußeren Erfolge. Er lernt erkennen, dass das eine nicht unmittelbar an dem anderen gemessen werden kann. Der Geheimschüler muss die rechte Mitte finden zwischen dem, was die äußeren Bedingungen vorschreiben, und dem, was er als das Richtige für sein Verhalten erkennt. Er soll nicht seiner Umgebung etwas aufdrängen, wofür diese kein Verständnis haben kann; aber er soll auch ganz frei sein von der Sucht, nur das zu tun, was von dieser Umgebung anerkannt werden kann. Die Anerkennung für seine Wahrheiten muss er einzig und allein in der Stimme seiner ehrlichen, nach Erkenntnis ringenden Seele suchen. Aber *lernen* soll er von seiner Umgebung, so viel er nur irgend kann, um herauszufinden, was ihr frommt und nützlich ist. So wird er in sich selbst das entwickeln, was man in der Geheimwissenschaft die «geistige Waage» nennt. Auf einer ihrer Waageschalen liegt ein «offenes Herz» für die Bedürfnisse der Außenwelt, auf der anderen «innere Festigkeit und unerschütterliche Ausdauer».

Und damit ist auf die fünfte Bedingung gedeutet: die Standhaftigkeit in der Befolgung eines einmal gefassten Entschlusses. Nichts darf den Geheimschüler dazu bringen, von einem gefassten Entschluss abzukommen, als lediglich die Einsicht, dass er im Irrtume befangen ist. Jeder Entschluss ist eine Kraft, und wenn diese Kraft auch nicht einen unmittelbaren Erfolg da hat, wohin sie zunächst gewandt ist, sie wirkt in ihrer Weise. Der Erfolg ist nur entscheidend, wenn man eine Handlung aus Begierde vollbringt. Aber alle Handlungen, die aus Begierde vollbracht werden, sind wertlos gegenüber der höheren Welt. Hier entscheidet allein die *Liebe* zu einer Handlung. In dieser *Liebe* soll sich ausleben alles, was den Geheimschüler zu einer Handlung treibt. Dann wird er auch nicht erlahmen, einen Entschluss immer wieder in Tat umzusetzen, wie oft er ihm auch misslungen sein mag. Und so kommt er dazu, nicht erst die *äußeren* Wirkungen seiner Taten abzuwarten, sondern sich an den Handlungen selbst zu befriedigen. Er wird lernen, seine Taten, ja sein ganzes Wesen der Welt zu opfern, wie auch immer diese sein Opfer aufnehmen mag. Zu solchem Opferdienst muss sich bereit erklären, wer Geheimschüler werden will.

Eine sechste Bedingung ist die Entwicklung des Gefühles der *Dankbarkeit* gegenüber allem, was dem Menschen zukommt. Man muss wissen, dass das eigene Dasein ein Geschenk des ganzen Weltalls ist. Was ist alles notwendig, damit jeder von uns sein Dasein empfangen und fristen kann! Was verdanken wir der Natur und anderen Menschen! Zu solchen Gedanken müssen diejenigen geneigt sein, die Geheimschulung wollen. Wer sich ihnen nicht hingeben kann, der vermag nicht in sich jene *All-Liebe* zu entwickeln, die notwendig ist, um zu höherer Erkenntnis zu kommen. Etwas, das ich nicht liebe, kann sich mir nicht offenbaren. Und eine jede Offenbarung muss mich mit Dank erfüllen, denn ich werde durch sie reicher.

Alle die genannten Bedingungen müssen sich in einer siebenten vereinigen: das Leben unablässig in dem Sinne aufzufassen, wie es diese Bedingungen fordern. Dadurch schafft sich der Zögling die Möglichkeit, seinem Leben ein einheitliches Gepräge zu geben. Seine einzelnen Lebensäußerungen werden miteinander im Einklang, nicht im Widerspruche stehen. Er wird zu der Ruhe vorbereitet sein, zu welcher er kommen muss während der ersten Schritte in der Geheimschulung.

Hat jemand den ernsten und ehrlichen Willen, die angegebenen Bedingungen zu erfüllen, dann mag er sich zur Geistesschulung entschließen. Er wird sich dann bereitfinden, die angeführten Ratschläge zu befolgen. Es mag gar manchem vieles an diesen Ratschlägen wie etwas Äußerliches erscheinen. Ein solcher wird vielleicht sagen, er hätte erwartet, dass die Schulung in weniger strengen *Formen* verlaufen sollte. Aber alles Innere muss sich in einem Äußeren ausleben. Und ebenso wenig, wie ein Bild schon da ist, wenn es bloß im Kopf des Malers existiert, ebenso wenig kann eine Geheimschulung ohne äußeren Ausdruck sein. Nur diejenigen achten die strengen Formen gering, welche nicht wissen, dass im Äußeren das Innere zum Ausdruck kommen muss. Es ist wahr, dass es auf den *Geist* einer Sache ankommt und nicht auf die Form. Aber so wie die Form ohne den Geist nichtig ist, so wäre der Geist tatenlos, wenn er sich nicht eine Form erschüfe.

Die gestellten Bedingungen sind geeignet, den Geheimschüler stark genug zu machen, um auch die weiteren Forderungen zu erfüllen, welche die Geistesschulung an ihn stellen muss. Fehlen ihm diese Bedingungen, dann wird er vor jeder neuen Anforderung mit Bedenken stehen. Er wird ohne sie das Vertrauen nicht zu den Menschen haben können, das für ihn notwendig ist. Und auf Vertrauen und wahre Menschenliebe muss alles Wahrheitsstreben gebaut sein. Es muss darauf *gebaut* sein, obgleich es *nicht* daraus entspringen, sondern nur aus der eigenen Seelenkraft quellen kann. Und die Menschenliebe muss sich allmählich erweitern zur Liebe zu allen Wesen, ja zu allem Dasein. Wer die genannten Bedingungen nicht erfüllt, wird auch nicht die volle Liebe zu allem Aufbauen, zu allem Schaffen haben, und die

Neigung, alle Zerstörung, alles Vernichten als solche zu unterlassen. Der Geheimschüler muss so werden, dass er nie etwas vernichtet um des Vernichtens willen, nicht in Handlungen, aber auch nicht in Worten, Gefühlen und Gedanken. Für ihn soll es Freude am Entstehen, am Werden geben; und nur dann darf er die Hand bieten zu einer Vernichtung, wenn er auch imstande ist, aus und durch die Vernichtung neues Leben zu fördern. Damit ist nicht gemeint, dass der Geheimschüler zusehen darf, wie das Schlechte überwuchert; aber er soll sogar am Schlechten diejenigen Seiten suchen, durch die er es in ein Gutes wandeln kann. Er wird sich immer klarer darüber, dass die richtigste Bekämpfung des Schlechten und Unvollkommenen das Schaffen des Guten und Vollkommenen ist. Der Geheimschüler weiß, dass aus dem Nichts nicht etwas geschaffen werden kann, dass aber das Unvollkommene in ein Vollkommenes umgewandelt werden kann. Wer in sich die Neigung zum Schaffen entwickelt, der findet auch bald die Fähigkeit, sich dem Schlechten gegenüber richtig zu verhalten.

Wer in eine Geheimschulung sich einlässt, muss sich klarmachen, dass durch sie gebaut und nicht zerstört werden soll. Er soll daher den Willen zur ehrlichen, hingebungsvollen Arbeit, nicht zur Kritik und zum Zerstören mitbringen. Er soll der *Andacht* fähig sein, denn man soll lernen, was man noch nicht weiß. Man soll andächtig zu dem blicken, was sich erschließt. Arbeit und Andacht: Das sind Grundgefühle, die von dem Geheimschüler gefordert werden müssen. Mancher wird erfahren müssen, dass er in der Schulung nicht vorwärtskommt, trotzdem er, nach seiner Ansicht, rastlos tätig ist. Es kommt davon her, dass er die Arbeit und Andacht nicht im rechten Sinne erfasst hat. Diejenige Arbeit wird den geringsten Erfolg haben, die um dieses Erfolges willen unternommen wird, und dasjenige Lernen wird am wenigsten vorwärtsbringen, das ohne Andacht verläuft. Die *Liebe* zur Arbeit, nicht zum Erfolg, bringt allein vorwärts. Und wenn der Lernende gesundes Denken und sicheres Urteilen sucht, so braucht er sich nicht durch Zweifel und Misstrauen die Andacht zu verkümmern.

Man braucht nicht zu sklavischer Abhängigkeit im Urteilen zu kommen, wenn man einer Mitteilung, die man empfängt, nicht zuerst die eigene Meinung, sondern eine ruhige Andacht und Hingabe entgegenbringt. Diejenigen, welche in der Erkenntnis einiges erlangt haben, wissen, dass sie nicht dem eigensinnigen persönlichen Urteile, sondern dem ruhigen Hinhorchen und Verarbeiten alles verdanken. – Man soll stets im Auge behalten, dass man das nicht mehr zu lernen braucht, was man schon beurteilen kann. Will man also *nur* urteilen, so kann man überhaupt nicht mehr lernen. In der Geheimschulung kommt es aber auf das Lernen an. Man soll da ganz und gar den Willen haben, ein Lernender zu sein. Kann man etwas nicht verstehen, dann urteile man lieber gar nicht, als dass man verurteile. Man lasse sich dann das Verständnis für eine spätere Zeit. – Je höher man die Stufen der Erkenntnis hinansteigt, desto mehr hat man dieses ruhige, andächtige Hinhorchen nötig. Alles Erkennen der Wahrheit, alles Leben und Handeln in der Welt des Geistes wird auf höheren Gebieten subtil, zart im Vergleich mit den Verrichtungen des gewöhnlichen Verstandes und des Lebens in der physischen Welt. Je mehr sich die Kreise des Menschen erweitern, desto feiner werden die Verrichtungen, die er vorzunehmen hat. – Weil dies so ist, deshalb kommen die Menschen in Bezug auf höhere Gebiete zu so verschiedenen «Ansichten» und «Standpunkten». Allein, es gibt auch über höhere Wahrheiten in Wirklichkeit nur *eine* Meinung. Man kann zu dieser *einen* Meinung kommen, wenn man sich durch Arbeit und Andacht dazu erhoben hat, die Wahrheit wirklich zu schauen. Nur derjenige kann zu einer Ansicht kommen, die von der einen wahren abweicht, der, nicht genügend vorbereitet, nach seinen Lieblingsvorstellungen, seinen gewohnten Gedanken usw. urteilt. Wie es nur eine Ansicht über einen mathematischen Lehrsatz gibt, so auch über die Dinge der höheren Welten. Aber man muss sich erst vorbereiten, um zu einer solchen «Ansicht» kommen zu können. Wenn man das bedenken wollte, so würden für niemand die Bedingungen der Geheimlehrer etwas Überraschendes haben. Es ist durchaus richtig, dass die Wahrheit und das höhere Leben in jeder Menschenseele wohnen und dass sie ein *jeder selbst* finden kann und muss. Aber sie liegen tief und können nur nach Hinwegräumung von Hindernissen aus ihren tiefen Schächten heraufgeholt werden. Wie man das vollbringt, darüber kann nur raten, wer Erfahrung in der Geheimwissenschaft hat. Solchen Rat gibt die Geisteswissenschaft. Sie drängt niemand eine Wahrheit auf, sie verkündet kein Dogma; sie zeigt aber einen Weg. Zwar könnte jeder –

vielleicht aber erst nach vielen Verkörperungen – diesen Weg auch allein finden; doch ist es eine Verkürzung des Weges, was in der Geheimschulung erreicht wird. Der Mensch gelangt dadurch früher zu einem Punkte, auf dem er mitwirken kann in den Welten, wo das Menschenheil und die Menschenentwicklung durch geistige Arbeit gefördert werden.

(Wie erlangt man Erkenntnisse der höheren Welten?, 1904/1905)

XI ABSCHLUSS: HINGABE UND LIEBE

Indem sich der Mensch als freies Wesen in Michaels Nähe fühlt, ist er auf dem Wege, die Kraft der Intellektualität in seinen «ganzen Menschen» zu tragen; er denkt zwar mit dem Kopfe, aber das Herz fühlt des Denkens Hell oder Dunkel; der Wille strahlt des Menschen Wesen aus, indem er die Gedanken als Absichten in sich strömen hat. Der Mensch wird immer mehr Mensch, indem er Ausdruck der Welt wird; er findet sich, indem er sich nicht *sucht,* sondern in Liebe sich wollend der Welt verbindet.

Indem der Mensch seine Freiheit entfaltend in Ahrimans Verlockungen fällt, wird er in die Intellektualität hineingezogen wie in einen geistigen Automatismus, in dem er ein Glied ist, nicht mehr *er* selbst. All sein Denken wird Erlebnis des Kopfes; allein dieser sondert es vom Eigenherzerleben und eignem Willensleben ab und löscht das Eigensein aus. Der Mensch verliert immer mehr von seinem innerlich wesenhaft-menschlichen Ausdruck, indem er Ausdruck seines Eigenseins wird; er verliert sich, indem er sich *sucht;* er entzieht sich der Welt, der er die Liebe verweigert; aber der Mensch erlebt *sich* nur wahrhaft, wenn er die Welt liebt.

Es ist aus dem Geschilderten wohl anschaulich, wie Michael der Führer zu Christus ist. Michael geht mit allem Ernste seines Wesens, seiner Haltung, seines Handelns in Liebe durch die Welt. Wer sich an ihn hält, der pfleget *im Verhältnis zur Außenwelt der Liebe.* Und Liebe muss im Verhältnis zur Außenwelt sich zunächst entfalten, sonst wird sie Selbstliebe.

Ist dann diese Liebe in der Michael-Gesinnung da, dann wird *Liebe zum andern* auch zurückstrahlen können ins eigene Selbst. Dieses wird lieben können, ohne sich selbst zu lieben. Und auf den Wegen solcher Liebe ist Christus durch die Menschenseele zu finden.

Wer sich an Michael hält, der pfleget im Verhältnis zur Außenwelt der Liebe, und er findet dadurch *das* Verhältnis zur Innenwelt seiner Seele, das ihn mit Christus zusammenführt.

Das Zeitalter, das jetzt im Anbrechen ist, bedarf des Hinblickes der Menschheit auf eine Welt, die unmittelbar als geistige an die physisch empfundene angrenzt und in der solches zu finden ist, wie es hier als Michael-Wesenheit und Michael-Mission geschildert ist. Denn *die* Welt, die sich der Mensch im Anblicke *dieser* physischen Welt als die Natur ausmalt, ist auch nicht die, in der er unmittelbar lebt, sondern eine solche, die so weit *unter* der wahrhaft menschlichen liegt wie die michaelische *über* dieser. Nur merkt der Mensch nicht, dass unbewusst, indem er sich ein Bild seiner Welt macht, eigentlich das einer andern entsteht. Er ist, indem er dieses Bild malt, schon dabei, sich auszuschalten und dem geistigen Automatismus zu verfallen. Der Mensch kann seine Menschheit nur bewahren, wenn er *diesem* Bilde, in dem er sich als in dem Bilde der Naturanschauung verliert, das *andere* gegenüberstellt, in dem Michael waltet, in dem Michael die Wege zum Christus führt.

(Das Michael-Mysterium, 1924)

ANHANG

QUELLEN, HINWEISE

Die Werke Rudolf Steiners werden mit der Band-Nummer innerhalb der Rudolf Steiner Gesamtausgabe (GA), Rudolf Steiner Verlag, Basel, nachgewiesen.

Erwähnte Bände der Rudolf Steiner Gesamtausgabe (in Klammern aktuelle Auflage):

10 *Wie erlangt man Erkenntnisse der höheren Welten? (1993)*
26 *Anthroposophische Leitsätze (1998)*
58 *Metamorphosen des Seelenlebens – Pfade der Seelenerlebnisse. Erster Teil (1984)*
66 *Geist und Stoff, Leben und Tod (1988)*
136 *Die geistigen Wesenheiten in den Himmelskörpern und Naturreichen* (2009)
194 *Die Sendung Michaels (1994)*
212 *Menschliches Seelenleben und Geistesstreben im Zusammenhange mit der Welt- und Erdentwicklung* (1998)
219 *Das Verhältnis der Sternenwelt zum Menschen und des Menschen zur Sternenwelt (1994)*
232 *Mysteriengestaltungen (1998)*
243 *Das Initiaten-Bewusstsein (2004)*
268 *Mantrische Sprüche. Seelenübungen Band II, 1903–1925 (1999)*
322 *Grenzen der Naturerkenntnis (1981)*

EINFÜHRUNG

zu Seite

9 *Die vier Sprüche der Säulenweisheit:* GA 268, S. 242. – Diese Sprüche wurden 1907 beim Münchner Kongress zu den beiden vor der Bühne stehenden Säulen J(akim) und B(oas) gesprochen. Sie stehen in Verbindung mit der Paradieseslegende, denn die beiden Säulen entsprechen dem Baum der Erkenntnis und dem Baum des Lebens. (Vgl. dazu den Vortrag vom 21. Mai 1907 in *Bilder okkulter Siegel und Säulen. Der Münchner Kongress Pfingsten 1907 und seine Auswirkungen,* GA 284, S. 63–70)

10 *Grund*gefühl *der Hingabe:* Im weiteren Verlauf des Buches *Wie erlangt man Erkenntnisse der höheren Welten?* schildert Steiner die Ausbildung verschiedener Fähigkeiten im Zusammenhang mit den dafür notwendigen Organen, den sogenannten Lotusblumen oder Chakren. Für die in dieser Ausgabe besonders hervorgehobene Fähigkeit der Andacht und Hingabe oder Achtsamkeit kommt dabei vor allem die 12-blättrige Lotusblume bzw. das Herzchakra in Betracht. Für die Ausbildung des Denkens, das Steiner für eine moderne Schulung für unerlässlich hielt, bildet sich aber zunächst ein «vorläufiges Zentrum im Kopf», an das sich dann im weiteren Verlauf der Schulung die Ausbildung der 16-blättrigen Lotusblume bzw. das Kehlkopfchakra anschließt: «Mit Einfachem beginnt es, was vor allem geeignet ist, das verständige und vernünftige Denken des Kopfes zu vertiefen, zu verinnerlichen. Dieses Denken wird dadurch frei und unabhängig gemacht von allen sinnlichen Eindrücken und Erfahrungen. Es wird gewissermaßen in *einen Punkt* zusammengefasst, welchen der Mensch ganz in seiner Gewalt hat. Dadurch wird ein *vorläufiger* Mittelpunkt geschaffen für die Strömungen des Ätherleibes. Dieser Mittelpunkt ist zunächst noch nicht in der Herzgegend, sondern im Kopfe. Dem Hellseher zeigt er sich dort als Ausgangspunkt von Bewegungen. – Nur eine solche Geheimschulung hat den vollen Erfolg, welche zuerst diesen Mittelpunkt schafft. Würde gleich vom Anfang an der Mittelpunkt in die Herzgegend verlegt,

so könnte der angehende Hellseher zwar gewisse Einblicke in die höheren Welten tun; er könnte aber keine richtige Einsicht in den Zusammenhang dieser höheren Welten mit unserer sinnlichen gewinnen. Und dies ist für den Menschen auf der gegenwärtigen Stufe der Weltentwicklung eine *unbedingte* Notwendigkeit. Der Hellseher darf nicht zum Schwärmer werden; er *muss* den festen Boden unter den Füßen behalten.». Vgl. *Wie erlangt man Erkenntnisse der höheren Welten?* (GA 10), Kap. «Über einige Wirkungen der Einweihung», S. 142 f. Zu beachten ist hierbei, dass Steiner davon ausgeht, dass sich die drei erwähnten Lotusblumen nicht nacheinander, sondern gleichzeitig entwickeln.

11 *In anderen Meditationsschulen, besonders der östlichen Prägung:* Vgl. zu den Unterschieden des Buddhismus in Indien, der die Welt als Täuschung (Maja) erlebt, und in China und Japan, wo sich vor allem der Zen-Buddhismus der Sinneswelt zuwendet, Johannes Schneider, *Meditation in der asiatischen Kultur und in der Anthroposophie* (Stuttgart 2010).

13 Die erwähnten Aussagen zu den neuen Wahrnehmungsfähigkeiten kommender Generationen finden sich in dem Band *Das Ereignis der Christus-Erscheinung in der ätherischen Welt (*GA 118), Dornach 2011.

17 Das hier erwähnte Rosenkreuzertum Goethes hat insbesondere Frank Teichmann (1937–2006) in seinem letzten Werk, *Goethe und die Rosenkreuzer* (Stuttgart 2007), das posthum erschienen ist, dargestellt und gewürdigt. Siehe dazu auch den Themenband mit Vorträgen Rudolf Steiners *Anthroposophie und Rosenkreuzertum* (Dornach 2007).

DIE VORBEREITUNG

23 *Wir können uns auch fragen:* Vortrag Berlin, 28. Oktober 1909, GA 58, S. 121–125. – Dieser Text ist dem Vortrag *Die Mission der Andacht* entnommen, der dritte in einer Reihe, in der Rudolf Steiner Erziehungsmittel für die drei Seelenglieder, die Empfindungsseele, Verstandes-

und Gemütsseele, und hier für die Bewusstseinsseele beschreibt.

27 *Die Vorbereitung besteht:* GA 10, S. 43–53. – Dieser Textauszug bildet den ersten Teil der dreistufigen Beschreibung des Schulungsweges, wie ihn Rudolf Steiner 1904/1905 in dieser Form zum ersten Mal in einer öffentlichen Schrift dargestellt hat. Die drei Stufen werden hier als «Vorbereitung», «Erleuchtung« und «Einweihung» beschrieben. Diese Darstellung erschien zunächst in Aufsatzform in der Zeitschrift *Lucifer-Gnosis,* ab 1909 dann in Buchform. In anderen Darstellungen, z. B. in der das Buch *Wie erlangt man Erkenntnisse der höheren Welten?* ergänzenden Schrift *Die Stufen der höheren Erkenntnis,* werden die in *Wie erlangt man...?* beschriebenen Stufen stets als «Imagination», «Inspiration» und «Intuition» bezeichnet. Rudolf Steiner hat aber dennoch auch in allen späteren Auflagen (zu Lebzeiten bis zur 11. Auflage 1922) die hier gegebene Beschreibung des Schulungsweges stets beibehalten. Der an diese Stelle anschließende Abschnitt «Die Erleuchtung» ist in der vorliegenden Auswahl weiter unten ebenfalls abgedruckt (siehe S. 101ff.).

37 *Es kann nicht die Aufgabe des heutigen Menschen sein:* Vortrag Dornach, 27. Mai 1922, GA 212, S. 135–138. – In dieser Vortragsstelle wird der Unterschied zwischen dem alten und dem neuen Yogaweg besonders deutlich beschrieben. Sie ist zentral wichtig für das Verständnis der Wahrnehmungsübungen auf dem anthroposophischen Schulungsweg, weil sich hier zeigt, wie es Steiner auf die Entwicklung des Denkens im Wahrnehmen ankommt. Das Denken wird dabei selbst zum Wahrnehmungsorgan in Art einer Schale, in die sich der geistige Inhalt hineingießen kann. Ein sehr gutes Beispiel für das Miterleben des hier beschriebenen «äußeren Rhythmus» ist *Der Anthroposophische Seelenkalender* von Rudolf Steiner. Vgl. dazu auch den Vortrag vom 1. Juni 1922 in *Westliche und Östliche Weltgegensätzlichkeit* (GA 83).

42 *Nun muss ich Ihnen den Weg zeigen:* Vortrag Helsingfors (Helsinki), 3. April 1912, GA 136, S. 21–25. – Die hier

ausgewählten Wahrnehmungsübungen stehen am Beginn eines Vortragszyklus, den Steiner vor finnischen und russischen Mitgliedern der theosophischen Gesellschaft auf deren Wunsch hin gehalten hat. Er geht dabei auf die Hierarchien, vor allem aber auf die Reiche der Elementarwesen ein. Wie man sich schulen muss, um zur Wahrnehmung von elementaren Wesen zu kommen, dazu eröffnen die hier zitierten Übungen einen ersten Zugang.

II DER LICHTSEELENPROZESS

51 *Nun handelt es sich darum:* Vortrag Dornach, 30. November 1919, GA 194, S. 107–115. – Rudolf Steiner hat in der ersten Hälfte dieses Vortrages frühere Kulturstufen und ihr Verhältnis zur Welt beschrieben und dabei auf die Beobachtung des Atems in der Yogakultur hingewiesen. Dazu brachte er an der Tafel einige Schaubilder an, von denen das letzte im hier abgedruckten Teil verwendet wurde. Wir lassen dieses an dieser Stelle jedoch weg, da es nur im Zusammenhang mit den anderen vier Schaubildern Sinn ergibt.

53 Mit dem hier angesprochenen Nachbild der Flamme spricht Rudolf Steiner die von ihm selbst kommentierte und neu herausgegebene Farbenlehre Goethes an: Vgl. dazu *Goethes Naturwissenschaftliche Schriften*, herausgegeben und kommentiert von Rudolf Steiner in Kürschners *Deutsche National-Literatur*, 5 Bände, GA 1a-e, Nachdruck Dornach 1975: «Wenn man ein blendendes völlig farbloses Bild ansieht, so macht solches einen starken dauernden Eindruck und das Abklingen desselben ist von einer Farbenerscheinung begleitet.» (Dritter Band *Zur Farbenlehre*, S. 105). An derselben Stelle bemerkt Rudolf Steiner in einer Fußnote: «Alle wie immer gearteten Nachbilder zeigen dieses Abklingen in Farbe, das, wenn es auch noch nicht anatomisch erklärt ist, doch zeigt, dass im Auge das gesamte Spektrum, einschließlich des Purpurrot, vorgebildet ist.» Steiner bezieht sich in diesem Vortrag besonders deutlich auf den Goethe'schen Phänomenalismus, den Goethe selber mit folgenden Worten gekennzeichnet hat:

«Das Höchste wäre, zu begreifen, dass alles Faktische schon Theorie ist. Die Bläue des Himmels offenbart uns das Grundgesetz der Chromatik. Man suche nur nichts hinter den Phänomenen; sie selbst sind die Lehre.» (In *Goethes Naturwissenschaftliche Schriften*, Fünfter Band *Sprüche in Prosa*, S. 376.)

III DIE SEELE LEBT IN DEN SINNEN

65 *Der Mensch nimmt durch seine Sinne:* Vortrag Dornach, 22. Dezember 1922, GA 219, S. 104 –117. – In diesem Vortrag, der hier vollständig abgedruckt ist, erläutert und ergänzt Steiner in gewisser Weise das, was er im vorangehend ausgewählten Vortrag als «Lichtseelenprozess» gekennzeichnet hat, und macht damit noch verständlicher, inwiefern man auch im Sinneserleben von einem Atmungsprozess sprechen kann.

IV DIE SEELE FÜHLT IM ATMEN

87 *Im Nervenmechanismus liegt nichts von menschlichem Fühlen:* Vortrag Berlin, 15. März 1917, GA 66, S. 131–135.

92 *Ich habe gesagt:* Vortrag Berlin, 17. März 1917, GA 66, S. 155 –159.

96 *Denn dieses Rätsel:* Vortrag Berlin, 17. März 1917, GA 66, S. 164 –168. – Diese drei Textstellen sind öffentlichen Vorträgen entnommen, in denen Rudolf Steiner seine Entdeckung der Dreigliederung des menschlichen Organismus erstmals öffentlich dargestellt und dabei sehr viel ausführlicher beschrieben hat, als ihm das zu diesem Zeitpunkt in der schriftlichen Darstellung in seinem Buch *Von Seelenrätseln* möglich war. In diesen Ausführungen wird der leiblich-seelische Zusammenhang des Wahrnehmens mit dem Ätherischen und des Fühlens mit dem Atmungsprozess, auf dem die in *Wie erlangt man Erkenntnisse der höheren Welten?* angegebenen Wahrnehmungsübungen und Meditationen beruhen, in einmaliger Weise verständlich gemacht.

V DIE ERLEUCHTUNG

103 *Die Erleuchtung geht:* GA 10, S. 53–66. – Die hier gewählte Textstelle schließt im Original an das oben ausgewählte Kapitel «Die Vorbereitung» unmittelbar an. Der Abschnitt «Die Erleuchtung» führt im Original jedoch noch weiter als hier ausgewählt. Auch schließt an diese Stelle der dritte Abschnitt «Die Einweihung» an. Wer also den Gesamtzusammenhang dieser Textstelle kennenlernen will, kann diesen in dem Buch *Wie erlangt man Erkenntnisse der höheren Welten?* nachlesen. In der vorliegenden Zusammenstellung ging es bei der Auswahl zunächst um die elementaren, an einfache Sinneserlebnisse anschließenden Übungen, die in sich eine Übungseinheit bilden können. Die noch weiterführenden Übungen, die sich auf den Menschen selbst richten, möge der interessierte Leser im Original studieren. – Außerdem soll hier ausdrücklich darauf verwiesen werden, dass Steiner im weiteren Verlauf des Buches *Wie erlangt man…?* in dem Kapitel «Über einige Wirkungen der Einweihung» darauf aufmerksam macht, dass zu einer regulären und gesunden Entwicklung übersinnlicher Wahrnehmungsorgane bestimmte ergänzende Übungen zu den hier beschriebenen Wahrnehmungs- und Meditationsübungen hinzugefügt werden sollten. Diese von ihm auch als «Nebenübungen» bezeichneten und in besagtem Kapitel ausführlich beschriebenen Übungen umfassen in der Hauptsache den sogenannten «achtgliedrigen Pfad» und die sogenannten «sechs Eigenschaften». Vgl. zu den «sechs Eigenschaften» das Bändchen *Die Nebenübungen. Sechs Schritte zur Selbsterziehung,* herausgegeben von Ateş Baydur, oder auch Florin Lowndes Veröffentlichung *Die Belebung des Herzchakra. Ein Leitfaden zu den Nebenübungen Rudolf Steiners* (Stuttgart 2000) sowie zum «Achtgliedrigen Pfad» Adam Bittlestons Buch *Das Leben meistern. Zur Praxis des achtgliedrigen Pfads* (Stuttgart 2002).

VI DIE REINE WAHRNEHMUNG

121 *Ich habe Ihnen gesprochen:* Vortrag Dornach, 2. Oktober 1920, GA 322, S. 104–108.

127 *In meinem Buche «Wie erlangt man Erkenntnisse der höheren Welten?»:* Vortrag Dornach, 3. Oktober 1920, GA 322, S. 110–125. – Diese beiden Textstellen sind den beiden letzten Vorträgen innerhalb des Bandes *Grenzen der Naturerkenntnis*, die Rudolf Steiner während des ersten Anthroposophischen Hochschulkurses im ersten Goetheanum gehalten hat, entnommen. Hier stellt er erstmals und einmalig dar, wie die Übungen aus *Wie erlangt man Erkenntnisse der höheren Welten?*, die zur Imagination hinführen und die in diesem Band in den Abschnitten «Die Vorbereitung» und «Die Erleuchtung» aufgenommen wurden, für den wissenschaftlich ausgebildeten Menschen, und das sind aufgrund der heutigen Zivilisationsbedingungen praktisch alle Menschen, die eine höhere Schule besucht haben, weiterentwickelt werden können. Dabei wird das reine Denken entwickelt, dann aber zurückgehalten, um zur reinen Wahrnehmung zu kommen. Letztere liegt aber praktisch allen Wahrnehmungsübungen zugrunde, die in *Wie erlangt man...?* beschrieben werden. Am Schluss der zweiten Textstelle kommt Steiner auch wieder auf den Atmungsprozess zu sprechen und charakterisiert dabei Denken und Wahrnehmen als eine höhere Form des Atmens, die er in dem im zweiten Abschnitt zitierten Vortrag als «Lichtseelenprozess» bezeichnet hatte.

Hier nun wird der Vorgang im Hinblick auf die Sinne aber noch genauer erfasst und deutlich gemacht, mit welchen Sinnen der Imaginierende eigentlich tätig ist. Es sind jene unteren Sinnesbereiche, die in den ersten sieben Lebensjahren entwickelt werden. Dadurch gewinnt das Wahrnehmen jetzt auf bewusste, ja wissenschaftlich erarbeitete Weise eine auch von Gefühlen gesättigte Intensität, die sonst nur das kleine Kind, aber auf unbewusste Weise, erlebt.

VII DIE WAHRNEHMUNG INTENSIVIEREN

153 *Nun, ein Zweites, was der Mensch dann:* Vortrag Dornach, 23. November 1923, GA 232, S. 14 –17.

154 *Pennäler:* Veraltete Form für Schüler einer höheren Schule.

158 *Und nun könnte man glauben:* Ebd., S. 19 f. – Ebenso wie beim vorangegangenen Vortrag aus dem «Anthroposophischen Hochschulkurs» schildert Rudolf Steiner in dem hier nicht mit abgedruckten ersten Teil des Vortrages das Erlebnis des reinen Denkens. An dieses Denkerlebnis schließt das hier geschilderte Erinnerungserlebnis an, so wie er in dem vorangehend abgedruckten Vortrag das reine Wahrnehmen beschrieben hatte. In der zweiten Stelle aus diesem Vortrag wird die Schilderung des Erinnerungserlebnisses fortgeführt. Auch hier geht es wie im Vortrag aus dem «Hochschulkurs» um eine Verstärkung des Wahrnehmens und damit um eine Verstärkung des menschlichen Verhältnisses zur Umwelt und zur Natur.

Das hier beschriebene Von-sich-Loskommen wird in *Wie erlangt man...?* erstmals als Grundbestandteil des Schulungsweges beschrieben. Es kann erreicht werden durch die tägliche Rückschau, bei der man sich selbst wie ein Fremder gegenüberstehen soll. (Vgl. dazu auch den Band *Rückschau* aus der Reihe «Die kleinen Begleiter», herausgegeben von Martina Maria Sam, Dornach 2009) Dabei wird das Erinnerungserlebnis zur Grundlage eines intensiveren, vor allem durch Gefühle verstärkten Erlebens der Natur.

VIII DIE LÄUTERUNG DES GEDANKEN- UND GEFÜHLSLEBENS

163 *Wenn der Mensch seine Ausbildung in Bezug auf Gefühle:* GA 10, S. 90 –101. – Dieses Kapitel schließt unmittelbar an die Schilderung der Seelenübungen der «Vorbereitung», «Erleuchtung» und der «Einweihung» an. Hier wird die elementare Bedeutung der Beherrschung des Gefühlslebens für die Entwicklung höherer Erkenntnisarten und einer exakten Clairvoyance besonders deutlich.

IX IM GESPRÄCH MIT DER GÖTTIN «NATURA»

177 *In einer ganz anderen Richtung bewegen wir uns geistig:* Vortrag Torquay, 13. August 1924, GA 243, S. 62– 64.

179 *Man kann sich schon vorstellen:* Vortrag Torquay, 14. August 1924, GA 243, S. 80–83.

184 *Wenn man mit alledem, was man heute lernen kann:* Vortrag Torquay, 15. August 1924, GA 243, S. 93–99. – Im Hinblick auf die hier am Schluss angesprochene Meditation des Kupfers spricht Rudolf Steiner im Vortrag vom 14. August 1924 noch Folgendes an: «Sehen Sie, heute ist der einzig richtige Weg der, dass der Mensch sich zunächst seelisch bekannt macht, wie ich es gestern beschrieben habe, mit der Natur, mit der Wesenheit des Kupfers, dass er sich eine feine Empfindung verschafft von der Farbe des Kupfers, wie sie ist, wenn man das Kupfer irgendwie findet, von der Farbe des Kupfers, wie sie ist, wenn man es abschleift, dass er sich eine Empfindung verschafft, wie Kupfer in Kupfervitriol und der Säure drinnen wirkt und so weiter. Wenn sich der Mensch in dieser Weise ein Gefühl verschafft, dann wirkt dieses Gefühl, über das er nun meditiert, auf das er sich konzentriert, auf den neueren Menschen in der richtigen Weise.

Nun können Sie sagen: Ja, du hast aber dein Buch geschrieben *Wie erlangt man Erkenntnisse der höheren Welten?*, und da steht gar nichts drinnen, dass man sich in dieser Weise ins Kupfer versetzen soll. – Schön, es steht nicht drinnen. Aber es stehen andere Dinge drinnen. Vor allen Dingen, prinzipiell steht das schon in meinem Buche, nur nicht gerade für das Kupfer, sondern für andere Dinge. Es wird da beschrieben, wie man sich in die Natur von Kristallen, von Pflanzen und so weiter versetzen soll. Diese elementaren Übungen werden angegeben. Dann wird allerdings nicht gesagt, man solle die Natur des Kupfers kennenlernen; denn da müsste man nicht ein Buch, sondern eine Bibliothek schreiben. Es ist das aber auch nicht notwendig; denn es werden da Übungen gegeben, zum Beispiel Übungen im Selbstvertrauen, Konzentrationsübungen in Bezug auf ganz bestimmte Inhalte. Ja, die decken sich mit dem, was ich eben darstellte von der Natur des Kupfers. Man sagt nicht, man soll vor sich die Natur des Kupfers haben, sondern man sagt: Versuche einmal, irgendeinen einfachen Inhalt zu nehmen und konzentriere dich auf diesen jeden Morgen und jeden Abend. Das heißt nämlich, nur mit anderen Worten ausgesprochen, sich auf die Natur des Kupfers konzentrieren. Es wird nur als Seeleninhalt das gegeben, was man auch in Anlehnung an die Metallität geben könnte.

Sage ich jemandem: Du sollst dich auf einen bestimmten Seeleninhalt, zum Beispiel ‹Im Lichte strahlt Weisheit› jeden Morgen und jeden Abend konzentrieren, dann wirkt es, wenn er das wirklich tut, in seiner Seele. Und es wirkt geradeso, als wenn ich ihm gesagt hätte: Lerne die Natur des Kupfers nach allen Seiten kennen und konzentriere dich auf das Kupfer. – Nur ist das eine Mal vom Moralischen, das andere Mal vom rein Physikalischen, Chemischen ausgegangen. Und es ist für denjenigen, der nicht gerade Chemiker ist, viel besser, wenn er auf dem moralischen Wege in die geistige Welt hineinkommt.»

Diese Angaben klingen zunächst so, als würden damit die Übungen aus *Wie erlangt man...?,* die in den hier auch abgedruckten Abschnitten «Die Vorbereitung» und «Die Erleuchtung» enthalten sind und die sich an die äußere Natur anschließen, relativiert und durch mehr gedankliche, nicht an die Sinne anschließende Seeleninhalte ersetzt.

Im hier abgedruckten Ausschnitt aus dem Vortrag vom 15. August 1924 wird aber anhand der Aussagen über das Leben in den Sinnen deutlich, wie wichtig Rudolf Steiner die reine Sinneswahrnehmung war. Hierdurch werden auch die physiologischen Erläuterungen der reinen Wahrnehmung aus dem III. und IV. Kapitel ergänzt. Im Übrigen hat Rudolf Steiner bei den zahlreichen Neuauflagen von *Wie erlangt man...?* die an die Sinneswahrnehmung anknüpfenden Vorbereitungs- und Erleuchtungsübungen immer beibehalten und nicht etwa durch andere, mehr auf gedankliche Inhalte gehende Übungen, wie er sie sonst in seinen zahlreichen Darstellungen des Schulungsweges gegeben hat, ersetzt.

Am Schluss des Vortrages vom 15. August kommt er noch auf den Genuss von Metallitäten zu sprechen. Darüber hatte er im vorangehenden Vortrag im Hinblick auf eine ältere Menschheit gesprochen. In früheren Zeiten war es offensichtlich üblich, den Geheimschülern zur Erweiterung ihrer Wahrnehmungsfähigkeiten bestimmte Metalle in hoch potenzierter Form zur Einnahme zu geben. Steiner erwähnt in diesem Zusammenhang dann aber für die Gegenwart die anthroposophische Medizin, die hoch potenzierte Metalle zur Heilung von Krankheiten einsetzt.

187 *Asa foetida:* Ein von Iran, Afghanistan, Russland bis Pakistan verbreiteter Doldenblütler, der zu Deutsch Stinkasant oder Teufelsdreck genannt wird; dessen Harzanteil ist für den unangenehmen Geruch verantwortlich, der sich jedoch bei Verwendung in einen knoblauchähnlichen Geruch verändert.

X DAS LEBEN ALS ATMUNGSPROZESS AUFFASSEN

197 *Die Bedingungen zum Antritt der Geheimschulung:* GA 10, S. 102–114. – Man kann die hier genannten Bedingungen, die an das in Kapitel VIII Gesagte aus *Wie erlangt man...?* unmittelbar anschließen, im Sinne des in der mittleren, der vierten Bedingung Gesagte als das Ausbilden einer «geistigen Waage» bezeichnen. Mit ihrer Ausbildung versetzt sich der zur übersinnlichen Wahrnehmung Strebende in ein atmendes, mitfühlendes Verhältnis zur Welt. Damit wird das oben in den Wahrnehmungsübungen über den Atemprozess im Wahrnehmen und Denken Gesagte durch mehr auf das Moralische gehende Übungen ergänzt. Genauer angeschaut werden die Übungen selber, etwa die in Kapitel I genannten Vorbereitungsübungen, aber nie

rein für sich beschrieben, sondern ebenfalls jeweils durch mehr auf das Moralische zielende Anweisungen erweitert.

XI ABSCHLUSS: HINGABE UND LIEBE

213 *Indem sich der Mensch als freies Wesen:* GA 26, S. 117–119. – Diese Textstelle ist dem Aufsatz *Die Weltgedanken im Wirken Michaels und im Wirken Ahrimans* entnommen. Er gehört zu einer Reihe von Aufsätzen, die Rudolf Steiner als Briefe «An die Mitglieder» der Anthroposophischen Gesellschaft richtete, in der Zeit am Ende seines Lebens, in der er wegen seiner Erkrankung keine Vorträge mehr halten konnte. In diesen Briefen erscheint die Anthroposophie nochmals in konzentrierter Form zusammengefasst. Der Erzengel und Zeitgeist Michael zeigt sich dabei als das für die Anthroposophie leitende geistige Wesen. Dass Michael besonders eng mit dem in dieser Auswahl herausgestellten Aspekt der reinen Wahrnehmung zu tun hat, kommt nicht nur in der Textstelle aus *Die Sendung Michaels* in Kapitel II besonders zum Ausdruck, sondern auch in der hier vorliegenden Stelle aus einem der Michael-Briefe.